ossi Bäumer (Hg.)

it Comics von
'ilhelm Dolle

Face2God

Mein Leben als Follower

fRANCKE

Die Deutsche Nationalbibliothek verzeichnet diese Publikation
in der Deutschen Nationalbibliografie;
detaillierte bibliografische Daten sind im Internet
über http://dnb.dnb.de abrufbar.

ISBN 978-3-86827-648-0

35037 Marburg an der Lahn
Comics im Innenteil und auf dem Cover: Wilhelm Dolle
Umschlaggestaltung: Verlag der Francke-Buchhandlung GmbH /
Sven Gerhardt
Satz: Verlag der Francke-Buchhandlung GmbH
Printed in Czech Republic

www.francke-buch.de

Inhalt

Teil 1:
An was ich glaube

Über mich:

Fossi Bäumer, geboren und aufgewachsen in Siegen, hat Theologie, Pädagogik und Psychologie studiert und war anschließend als Landesreferent beim EC-Hessen tätig. Seit 2012 arbeitet er als Dozent am Marburger Bibelseminar und unterrichtet Altes Testament, Geistliches Leben und Kirchengeschichte. Fossi liebt Musik mit Frauengesang, Filme & Serien, Reisen, Rollenspiele und Currywurst. Meine E-Mail: fossi43@gmx.de

Gott ist einer und doch drei?

Fossi Bäumer

Gott ist einer und doch drei. Er ist drei und doch einer. Wie soll das gehen? Wie soll das funktionieren? Wie soll ich das verstehen, ohne dass mir mein Gehirn verkocht und als grauer Schleim aus den Ohren läuft? Seid beruhigt, liebe Freunde. Erstens müssen wir nicht alles komplett verstehen und zweitens haben die ersten Christen auch drei Jahrhunderte gebraucht, um sich darüber klar zu werden. Die Lehre von der Dreieinigkeit Gottes haben die ersten Christen also nicht mal so eben an einem Dienstagnachmittag um halb 4 ausgeheckt. Sie haben ziemlich lange dafür gebraucht. Und ich persönlich glaube, dass der Geist Gottes ihre Gedanken dabei geleitet hat. Warum hat es denn dann trotzdem so lange gedauert, bis sich die Christen einig darüber waren, wie das mit der Dreieinigkeit Gottes zu verstehen ist? Ich glaube, das liegt daran, dass es hier um das Wesen Gottes geht und nicht um die Beschaffenheit eines Big Macs, einer Balkonpflanze oder eines Gummibärchens. Hätten die ersten Christen behauptet, das Wesen Gottes an einem Dienstagnachmittag um halb 4 gecheckt zu haben, so wäre mir das ziemlich verdächtig. Ich würde entweder glauben, dass sie sich nicht viel Mühe gegeben haben oder dass Gott in Wirklichkeit gar nicht so göttlich ist. Denn wenn ein Mensch so fix das Wesen Gottes verstehen könnte, was wäre das denn für ein mickriger Gott, den mein kleiner Bordcomputer sofort begreifen würde!

Als die ersten Christen über die Dreieinigkeit nachgedacht haben, stellten sie fest, dass es in der Bibel gar nicht so viele Stellen dazu gibt. Deshalb gab es auch immer wieder irgendwelche Sonderlinge, die alles Mögliche über Gottes Wesen behauptet haben. Einer zum Beispiel hieß Montanus und der hat gesagt, dass er der Heilige Geist wäre. Spätestens dann mussten die restlichen Christen, die noch alle Nadeln am Baum hatten, hingehen und erklären, warum Montanus einen Sockenschuss hatte.

Die Bibel spricht oft von Vater und Sohn. Sie spricht natürlich auch vom Heiligen Geist, aber zu dem kommen wir etwas später. Fangen wir erst mal mit zwei an, nicht gleich mit drei. Dass die Bibel von Vater und Sohn spricht, muss ja irgendetwas bedeuten. Klar war auch den frühen Christen, dass es nicht geschlechtlich gemeint sein konnte, denn Gott wird an einer Stelle auch mal als Mutter bezeichnet und einmal sogar als Henne. Also musste es etwas anderes bedeuten, dass die Bibel gerade die Wörter *Vater* und *Sohn* verwendet. Vielleicht sollte es eine Art von Hierarchie andeuten. Das konnte aber auch irgendwie nicht sein, denn im Johannesevangelium steht, dass Jesus ganz Gott war, nicht weniger. Das wird im Philipperbrief auch nochmal betont: Jesus war Gott gleich, nicht untergeordnet oder weniger göttlich.

Wieso spricht die Bibel dann so oft von *Vater* und *Sohn*? Könnte sie nicht auch von *Bruder* und *Bruder* reden? Da sie das offensichtlich nicht tut, muss *Vater* und *Sohn* eine andere Bedeutung als die geschlechtliche oder die hierarchische haben. Was zeichnet denn Vater und Sohn aus? Der Sohn wird immer vom Vater gezeugt, hervorgebracht. Der Vater zeugt den Sohn, er bringt den Sohn hervor. Wenn es aber vor aller Zeit (also noch vor der Schöpfung) einen Zeitpunkt gegeben hätte, wo der Vater da war und der Sohn noch nicht, dann wäre der Sohn nachgeordnet, erschaffen und somit nicht ganz Gott. Er wäre weniger göttlich. Und wir haben eben ja gesehen, dass die Bibel sagt, dass das nicht der Fall ist.

Jetzt haben wir eine Zwickmühle. Die Wörter *Vater* und *Sohn* deuten an, dass der eine den anderen zeugt bzw. hervorbringt, aber das darf niemals irgendwann passiert sein, sonst wäre der Sohn ja untergeordnet. Eine schöne Zwickmühle, was?! Spätestens jetzt wird uns klar, warum die ersten Christen das Geheimnis der Dreieinigkeit nicht an einem Dienstagnachmittag um halb vier gelüftet haben.

Die Lösung ist folgende: Der Vater bringt tatsächlich den Sohn hervor, aber nicht zu einem bestimmten Zeitpunkt vor aller Zeit, sondern immerwährend und dauernd und das schon immer. Es gab kein erstes Mal. Es war immer schon so. Es ist ein andauernder, nie endender Vorgang. Er wird niemals aufhören. Wir Theologen formulieren das so: *Der Vater zeugt in Ewigkeit den Sohn.* Man könnte auch sagen: *Seit aller Ewigkeit und bis in alle Ewigkeit bringt der Vater den Sohn hervor.* Und beide hauchen den Geist, der sie umhüllt und eint. Und auch dieses Hauchen des Geistes geschieht nicht irgendwann zum ersten Mal, sondern war schon immer und wird immer sein. Vater und Sohn hauchen in Ewigkeit den Geist, der sie umhüllt und umgibt und sie eint.

Wenn du dir das jetzt so ein bisschen vorstellst, hast du wahrscheinlich ein Bild vor Augen. Eine Wolke, die sich bewegt, oder eine Flüssigkeit, die in Bewegung ist. Und das ist ganz nah an dem, wie sich die Christen die Dreieinigkeit vorstellen. Gott ist nicht statisch, er ist nicht ein einsamer Gott an der Spitze von allem. Er ist nicht bewegungslos. Gott ist in sich selber Gemeinschaft. Gott ist in sich selber Bewegung. Gott ist in sich selber Beziehung. Gott ist in sich selber Liebe. An der Spitze von allem, was es gibt (also unbelebter Materie wie Steine, dann die Pflanzen und Tiere, die Menschen und vielleicht Engelswesen) steht nicht ein einsamer Gott, sondern an der Spitze von allem, was es gibt, steht Gemeinschaft, Beziehung und Bewegung.

Seit allen Ewigkeiten bringt der Vater den Sohn hervor und seit allen Ewigkeiten hauchen die beiden den Heiligen Geist, der sie seit allen Ewigkeiten umhüllt und umfängt. Gott ist in seinem innersten Wesen Gemeinschaft, Beziehung und Bewegung. Vielleicht können wir jetzt auch verstehen, wie es eigentlich zur Schöpfung gekommen ist. Und ob Gott das schnell gemacht oder sich viel Zeit dabei gelassen hat, ist egal: Es gibt ein Universum. Es gibt eine Erde mit Menschen drauf. Weil Gott in sich selbst Beziehung und Gemeinschaft und Liebe ist, drängt alles in ihm danach, etwas zu erschaffen. Brodelnde Liebe, kochende Leidenschaft, sich immer bewegende Beziehung drängt automatisch nach außen. Das Universum, die Erde, die Menschen sollen ein sichtbares Abbild des unsichtbaren Wesens Gottes sein. Sonst wäre ja dieses geheimnisvolle und unglaubliche, aber auch ultrageniale Wesen Gottes für alle Zeiten verborgen geblieben. Gott ist Beziehung und Bewegung in sich selbst. Liebe und Beziehung drängen immer danach, aus sich herauszugehen und nicht bei sich zu bleiben. Gott erschafft das Universum, die Erde und die Menschen. Und die Schöpfung soll gleichzeitig ein sichtbares Abbild seines unsichtbaren Wesens sein. Wow! That's it! Great!

Bibelstelle:

Abraham wohnte bei den Terebinthen von Mamre, da erschien ihm der Herr wieder. Abraham saß in der heißen Mittagszeit am Eingang seines Zeltes, als er plötzlich drei Männer bemerkte, die auf ihn zukamen. (1. Mose 18,1+2)

Tipp des Tages:
Versuch mal, andere Symbole oder Bilder für die Dreieinigkeit Gottes zu finden.

Über mich:

Mein Name ist Nico van der Velde.
Ich bin 24 Jahre und studiere an
der FTH in Gießen Theologie.
Meine E-Mail: nico@van-der-velde.de

"It's where my demons hide" – Das Böse in mir

Nico van der Velde

Bestimmt kennst du den Song *Demons* von der Band *Imagine Dragons*. Der lief in den letzten Jahren ja hoch und runter im Radio. Hast du da schon mal auf den Text geachtet? Alex da Kid, der das Lied geschrieben hat, verarbeitet darin Probleme, die er immer wieder mit sich hat. Er singt davon, wie in ihm ein, wie er es nennt, „Dämon" steckt. Ein Biest, das in seinem Inneren tobt und das er eigentlich lieber verstecken würde. Etwas Dunkles in Alex, dem andere lieber nicht zu nahe kommen sollten. Er möchte es in sich einschließen. Vor anderen verbergen, sie davor schützen. Der Songtext spricht davon, dass ihm nach und nach klar wird, dass das Böse in ihm immer wieder hervorkommt – egal, was er tut. Das Schlechte, das in ihm steckt, ist nicht zu verstecken oder zu kontrollieren. Er ist dem Dunklen in seiner Seele machtlos ausgeliefert. Alex beschreibt weiter, wie manche Leute ihm Ratschläge geben, mit diesem Problem umzugehen. Sie sagen zu ihm: „Du musst dich mehr anstrengen" und „Du musst es einfach besiegen". Aber sosehr er es auch versucht: Am Ende bleibt dem Sänger nichts anderes übrig, als festzustellen, dass dieses Böse nicht besiegt werden kann. Er spricht davon, dass es mit ihm verbunden ist (wörtl. „Es ist in meine Seele eingewoben"). Er wird es nicht los, weil es ein Teil von ihm selbst ist. Und deswegen, so beschreibt Alex es in seinem Song, muss ihm jemand einen Weg aus diesem Leid heraus zeigen, denn er selbst ist von diesem Bösen gefangen und kommt nicht davon los. Er braucht Hilfe!

Vielleicht kennst du diese Gefühle, die die Band mit diesem Lied eindrucksvoll ausdrückt. Egal wie sehr du dich anstrengst, irgendwas bleibt da, was dich zu Dingen verleitet, die du eigentlich nicht tun willst. Vielleicht hat dein bester Freund oder deine beste Freundin ein neues Handy bekommen, und obwohl du dich eigentlich für ihn bzw. für sie freuen willst, bist du nur neidisch, weil du selbst kein neues hast. Du strengst dich an, aber der Neid bleibt und treibt dich dazu, das neue Handy schlechtzumachen oder den Freund/die Freundin vor anderen schlecht dastehen zu lassen. Vielleicht streitest du dich oft mit deinen Eltern oder Geschwistern. Obwohl du eigentlich eine gute Beziehung zu ihnen haben möchtest, bringt die Diskussion um die gemeinsame Playstation oder die Frage, wie lange du abends wegbleiben darfst, immer wieder Streit. Ich könnte diese Liste wohl noch lange fortsetzen. Gibt es das bei dir auch? Überleg doch einmal. Wenn es dir wie Alex und mir geht, dann bist du bestimmt auch schon einmal zu dem Punkt gekommen, an dem du sagst: Ich kann nicht anders. Egal wie sehr ich es versuche, das Böse bleibt in mir drin und kommt immer wieder raus. Ich kann selber nichts ändern.

Und genau hier habe ich die Bibel für mich entdeckt. Weil sie diese Hilfe gibt, die Alex, du und ich brauchen, um mit diesem Problem klarzukommen. Die Bibel zeigt uns, woher dieses Böse, das sie Sünde nennt, kommt. Adam und Eva, die ersten Menschen, wollten lieber ihren eigenen Plan durchziehen, als auf Gott zu hören. Sie haben von dem Baum gegessen, den Gott ihnen als einzigen im ganzen Paradies verboten hatte. Und so kam die Sünde in die Welt und in unser Innerstes. Weil wir Gott nicht vertraut haben und vor ihm weggelaufen sind, haben wir dieses Böse in unsere Herzen gelassen. Und das ist bis heute in jedem verwurzelt. Die Bibel sagt, dass dieses Problem nun jeder Mensch haben wird. Du und ich, alle Menschen auf dieser Welt, machen laufend Fehler. Wir zerstören dadurch Freundschaften – und noch schlimmer: die Beziehung zu Gott. Denn in Gottes Nähe kann nur das existieren, das wie er ist: perfekt und schuldlos. Wie sollen wir das nur erreichen?

Zum Glück hat die Bibel hier auch eine gute Nachricht, die die schlechte bei Weitem übertrifft. Denn Gott hat uns mit unserem selbst verschuldeten Problem der Sünde nicht alleine gelassen. Gott wusste, noch bevor Alex es in einem Liedtext besungen hat, dass wir Menschen die Sünde alleine nicht besiegen können. Er wusste, dass du und ich uns noch so sehr anstrengen, aber am Schluss nichts am Bösen in uns ändern können. Und deswegen hat er seinen einzigen Sohn Jesus Christus auf die Welt geschickt, damit er für alle von uns am Kreuz stirbt. Damit macht uns Jesus ein Angebot. Obwohl weiter dieses Böse in uns bleibt, solange wir hier auf der Erde leben, werden uns unsere Sünden vergeben, wenn wir an ihn glauben und unser Leben für Jesus leben. Damit ist die Beziehung zu Gott, wie sie es bei Adam und Eva einmal gab, wieder möglich. Nach unserem Tod werden wir nicht von Gott getrennt, sondern dürfen auf ewig bei ihm leben. Bei dem, der uns geschaffen hat und so sehr liebt, dass er seinen Sohn für uns hat sterben lassen. Und das, obwohl wir doch an dem Ganzen selbst schuld sind! Dieses Angebot haben wir von Jesus und Gott erhalten. Die Frage ist, ob wir es annehmen und unser Leben in Zukunft nach Gottes Willen ausrichten. Diesen Willen finden wir in der Bibel. Denn für Gott zu leben bedeutet nicht einfach, weiterzumachen wie vorher, weil ja jetzt sowieso alle Sünden vergeben sind. Es heißt, weiter an unseren Schwächen zu arbeiten. Weiter alles zu geben, um dieses Böse zu bekämpfen. Aber wir dürfen, wenn wir mit Jesus leben, darauf vertrauen: Wenn das Böse doch mal wieder herauskommt, vergibt Jesus mir meine Fehler. Sie können nie wieder meine Beziehung zu Gott kaputt machen, weil Jesus sie von mir wegnimmt, denn er hat dafür bezahlt. Er radiert sie einfach von deiner und meiner Schuldenliste weg. Was bleibt, das ist ein weißes Stück Papier.

Das einzige Mittel gegen dieses Böse in uns ist Jesus. Ja, wir haben es selbst verschuldet und müssen damit in diesem Leben zurechtkommen. Aber es kann uns nie von der Beziehung zu Gott trennen, weil Jesus für alle unsere Fehler gestorben ist. Er hat uns vergeben und wir dürfen mit dieser Sicherheit an unseren Schwächen weiter arbeiten. Tag für Tag, bis wir dann für immer bei unserem Vater im Himmel sein werden.

Bibelstelle:

Durch einen einzigen Menschen ist die Sünde in die Welt gekommen und als Folge davon der Tod. Weil nun alle Menschen gesündigt haben, sind sie alle dem Tod ausgeliefert. Demnach war die Sünde schon da, lange bevor Gott durch Mose das Gesetz gab. Aber wo kein Gesetz ist, kann auch keine Schuld angerechnet werden. Dennoch waren alle Menschen von Adam bis zu Mose ebenfalls dem Tod verfallen, auch wenn sie nicht wie Adam bewusst gegen Gottes Willen handelten. Adams Schuld hatte Folgen für alle Menschen. Insofern ist er das genaue Gegenbild zu Christus, der uns erlöst hat. Freilich lässt sich die Erlösung, die uns Christus geschenkt hat, nicht mit der Sünde Adams vergleichen. Denn durch die Sünde des einen wurde die gesamte Menschheit dem Tod ausgeliefert; durch Jesus Christus aber erfuhren wir in überreichem Maß Gottes Barmherzigkeit und Liebe. (Römer 5,12-15)

Tipp des Tages:

Wenn du an den Tag heute denkst – wo könnten Momente oder Begegnungen sein, in denen es dir schwerfällt, Gott nachzufolgen? Von denen du schon weißt, dass in ihnen oft das Schlechte in dir nach draußen kommt? Wenn dir da Dinge einfallen, rede mit Gott darüber. Bitte ihn im Gebet um Hilfe in diesen Situationen. Dann darfst du mutig in den Tag gehen, weil du weißt, dass Gott an deiner Seite ist. Und auch wenn es nicht klappt und du den gleichen Fehler wieder und wieder machst: Gott vergibt dir, wenn du ihn darum bittest! Lass dich nicht entmutigen und arbeite weiter mit Gott an deinen Schwächen. Er liebt dich, egal wie viele Fehler du auch machst. Er bleibt bei dir!

Über mich:

Ich heiße Paul Rummel und bin 21 Jahre alt. Vor zwei Jahren hab ich eine Ausbildung zum Fachinformatiker beendet, und anstatt da jetzt zu arbeiten und Geld zu verdienen, studiere ich Theologie an der Evangelischen Hochschule Tabor in Marburg. Das heißt, ich will Prediger werden oder Pastor oder so was in der Richtung. Ich mach das, weil ich Leuten von Jesus erzählen und ihnen zeigen will, dass sie wertvoll sind. Falls du Fragen zum Text hast, kannst du mir gerne schreiben: paul-face2god@gmx.de.

Nichts auf dieser Welt ist so wertvoll wie du

Paul Rummel

Falls du dich schon mal gefragt hast, ob du wertvoll bist, ob du einen Wert hast und ob dein Wert höher ist als der Preis deiner Klamotten, dann kann ich dir sagen: JA! Ja, auf jeden Fall. Du bist wertvoll. Du bist wertvoll für Gott. Wenn er dich sieht, sieht er, wie wertvoll du bist, wie unbezahlbar du bist. Und er weiß das, er braucht deinen Wert nicht zu schätzen, zu überschlagen oder zu raten, nein, er weiß, wie wertvoll, kostbar, unbezahlbar du bist.

Wieso? Warum?

Naja, woher weiß man, wie viel etwas wert ist? Das iPhone 6s kostet nicht deswegen 740 €, weil die Produktion so teuer ist oder weil Steve Jobs so lange am Design gearbeitet hat, nein, es kostet so viel, weil es Menschen gibt, die so viel Geld dafür bezahlen. Oder ein Adidas-Trikot: Das kostet nicht deswegen 60 €, weil es so aufwendig produziert wird, sondern weil Leute dafür 60 € zahlen. Woher wissen wir, wie viel die 60 € wert sind? Weil wir eine bestimmte Zeit lang arbeiten müssen, um sie zu verdienen. Wir tauschen quasi eine gewisse Menge Lebenszeit ein und bekommen dafür zum Beispiel ein Fußballtrikot oder ein Handy. Der Preis davon wird nicht dadurch festgelegt, was die Herstellung kostet, sondern davon, was die Leute bezahlen, was sie bereit sind, dafür herzugeben. Schön und gut, aber was hat das jetzt mit Gott zu tun?

Gott kennt deinen genauen Wert, weil er ihn bezahlt hat. Nicht mit Geld und auch nicht bei LIDL an der Kasse. Er hat ihn bezahlt am Kreuz. Er starb. Er tauschte nicht nur ein bisschen Lebenszeit von sich ein, sondern sich selbst, um dich zu bekommen. Er selbst ist der Preis, der nötig ist, um dich zu bezahlen. Und wie bei dem iPhone oder dem Adidas-Trikot ist das, was jemand gibt, das, was den Preis bzw. den Wert davon festlegt. Weil Gott der Vater seinen Sohn gegeben hat, weil Jesus sich hat schlagen und töten lassen, deshalb ist Jesus auch der Preis, der deinen Wert festlegt. Du bist Gott so viel wert wie sein eigener Sohn! Es gab für Gott nichts vergleichbar Wertvolles, Wichtiges, nichts, was er so unbedingt haben wollte, wie seinen eigenen Sohn – bis er dich sah, beziehungsweise, bis er dich ausdachte und erschuf. Und als er dich sah, wusste er, dass er dich haben wollte, um jeden Preis in der Welt. Und weil es in dieser Welt nichts gibt, das mit dir vergleichbar ist, nahm er etwas, das nicht von dieser Welt war: Seinen Sohn. Und Gott gab seinen Sohn, um dich zu bekommen. Deshalb bist du genauso wertvoll wie Gottes Sohn, so wertvoll wie Jesus. Und das ist ein Preis, den sich kein Mensch auf Erden vorstellen kann. Nichts auf dieser Welt ist so wertvoll, so kostbar wie du!

Was kannst du machen, wenn du dich nicht so fühlst, wenn du am Boden liegst, zerknirscht bist und denkst, du bist der letzte Dreck? Nimm dir einen Geldschein, irgendeinen. Sagen wir 10 €. Dann streich ihn schön glatt, sodass er keine Falten hat und einfach gut ausschaut. Wie viel ist er wert? 10 €. Logisch, oder? Dann nimm ihn und zerknüll ihn! Wirf ihn auf den Boden!

Tritt drauf! Zieh ihn durch den letzten Dreck! Steck ihn in die Toilette (oder stell es dir nur vor). Wie viel ist er dann noch wert? Immer noch 10 €. Logisch. Wieso sollte sich auch sein Wert verändern, nur weil er anders aussieht? Genauso verändert sich *dein* Wert NIE. Egal, wie es dir geht, wie du aussiehst oder ob du dich wertvoll fühlst. Du bist es. Immer. Egal wann. Egal wo. Aus dem einfachen Grund, weil Jesus sein Leben gegeben hat, um dich zu bekommen. Das ist der Grund. Das ist das, was deinen Wert festlegt. Nicht deine Klamotten, dein Spielstand bei WOW oder dein iPhone 6s mit Goldrand für 1000€. Dein Wert ist der Wert von Jesus und den kann man nicht überbieten.

Bibelstelle:

Wie mich der Vater liebt, so liebe ich euch. Bleibt in meiner Liebe! (Johannes 15,9)

Tipp des Tages:

Schreib dir auf einen Zettel „Du bist wertvoll" oder „Ich bin wertvoll" und leg ihn auf deinen Schreibtisch, damit du ihn mindestens einmal am Tag liest. Mach dir dabei klar, dass das für dich gilt. Oder nimm dir einen Geldschein und lache ihn aus. Denn im Vergleich zu dir ist dieser Schein so viel wert wie ein Kaugummi, der am Asphalt klebt. Du bist so unendlich viel wertvoller!

VOLL COOL, DASS DU DIR FÜR MICH FREI GENOMMEN HAST.
KINO PALAST
ACH, IST DOCH SELBSTVERSTÄNDLICH. UNSERE GEMEINSAME ZEIT LÄSST SICH ECHT NICHT MIT GELD AUFWIEGEN.
MÖCHTEST DU POPCORN?
POPCORN
ICH HÄTT SCHON LUST, ABER IST DOCH SO TEUER.
WOW! DAS SIND RICHTIG GUTE PLÄTZE.
BIN MAL GESPANNT, OB'S NOCH VOLLER WIRD.
WORUM GEHT'S EIGENTLICH IN DEM FILM?
DU HAST DOCH IRGENDWAS VON ROMANTIC COMEDY MIT FANTASY ELEMENTEN ERZÄHLT.
HALTEN SIE EIN, DOKTOR! IHRE GELIEBTE ABBY IST NICHT MEHR!
NUR DIES GRAUENVOLLE MONSTRUM ...
SLURP
SQUELCH
ROARRR!
DIESE ABSCHEULICHE KREUZUNG AUS GLIBRIGER AUBERGINE UND GEIFERNDEM RIESEN-KALMAR!
W. DOLLE 2016

Die Geschichte Gottes mit der Welt und den Menschen

Fossi Bäumer

Ob lange Zeiträume bei der Erschaffung der Welt oder kurze Zeiträume, egal: irgendwann war die Welt jedenfalls da. Darüber sind sich alle einig. Ob lange Zeiträume bei der Erschaffung der Welt oder kurze Zeiträume, egal: irgendwann waren auch die Menschen da. Auch darüber sind sich alle einig. Und ob Gott das jetzt schnell oder langsam gemacht hat mit der Erschaffung der Welt, egal: die Menschen waren Säcke! Auch darüber sind sich alle einig. Und das, wo das eigentliche Ziel der Schöpfung war, dass diese Welt, dass diese Menschen die Liebe und die Gemeinschaft Gottes abbilden sollten. Gott ist ja bekanntermaßen unsichtbar und so sollte die Schöpfung ein sichtbares Abbild seines Wesens sein. Die Menschen sollten ihn widerspiegeln. Die Bibel nennt das *Ebenbild.* Aber die Menschen waren Säcke. Die Schöpfung, die Menschen, machten nicht die Liebe und die Gemeinschaft Gottes sichtbar. Aber das war doch der Sinn der Schöpfung!

Die Bibel erzählt, dass es dann die Sintflut gab, wo alle Menschen bis auf ein paar Gerechte weggespült wurden. Die Gerechten sind deshalb verschont worden, weil sie den Sinn der ganzen

Schöpfung erfüllt hatten: Abbild von Gottes Wesen zu sein. Und jetzt geht's erst richtig los! Gott erkennt da was! Dass Gott da was erkennt, ist natürlich menschlich gesprochen, aber wie soll die Bibel sonst von Gott sprechen? Wir würden es ja anders gar nicht verstehen. Also spricht die Bibel in menschlichen Worten von Gott und sie sagt: Gott erkennt da was: *Die Menschen sind böse von Jugend auf. Das sehe ich jetzt ein. Aber ich will nicht andauernd die Welt und die Menschen wegspülen. Ich liebe meine Welt und ich liebe meine Menschen. Die Welt und die Menschen sollen doch ein Abbild meines Wesens sein.*

Also entwickelt Gott einen Plan. Bei dem Bund, den er mit Noah schloss, erfahren wir noch nicht, wie dieser Plan genau aussieht. Aber wir erfahren, dass es einen gibt. Das Zeichen dafür ist der Regenbogen. Gott wird nicht wieder alles Leben wegspülen, sondern irgendwie anders sein Ziel erreichen, dass nämlich die Welt und die Menschen Abbild seiner Liebe werden. Dann schließt Gott einen Bund mit Abraham. Da erfahren wir, wie Gottes Plan aussieht: Er wird sich ein bestimmtes Volk erwählen, das sein Beispielvolk sein soll. Durch dieses Beispielvolk will Gott sein Ziel erreichen – die Welt nicht vernichten, sondern verwandeln. Die Menschen nicht wegspülen, sondern erreichen. Damit das ursprüngliche Ziel der Schöpfung doch noch wahr werden kann: sichtbares Abbild seines unsichtbaren Wesens zu sein. Und dieses Beispielvolk sollen die Nachkommen Abrahams sein. Durch diese Nachkommen sollen alle anderen Menschen auf der Welt gesegnet werden. Wir erfahren aber noch nicht, was genau die Aufgaben des Beispielvolkes sein werden.

Das erfahren wir beim nächsten Bund: dem Bund mit Mose, der auch manchmal Sinai-Bund heißt. Da stellt Gott am Berg Sinai das Volk Israel (also die Nachkommen Abrahams) mit Mose als seinem Anführer vor die Wahl: *Habt ihr Bock drauf, mein Beispielvolk zu sein? Wenn ihr zustimmt, bekommt ihr die Aufgabe,*

Beispiel für die Menschen zu sein. Ein Abbild meines Wesens zu sein. Erledigt ihr diese Aufgabe, werde ich euch dafür segnen. Legt ihr einen Fail hin, gibt's Haue. Denn hierbei geht es nicht um die Verschönerung vom Ponyhof, sondern um Leben und Tod. Hier geht's nicht um Pastellfarben von Zuckerwatte, sondern um Schöpfung oder Nichtschöpfung, Existenz oder Nichtexistenz. Eine ganz ernste Sache!

Das Volk Israel stimmt zu. Und wir erfahren, in welchen Bereichen das Volk Beispiel sein soll. Die Anordnung der zehn Gebote auf den beiden Steintafeln drückt das gut aus. Die ersten fünf Gebote stehen für den senkrechten Bereich: die Beziehung zu Gott. Und die zweiten fünf Gebote stehen für den waagerechten Bereich: die Beziehung zu den Menschen und zur Schöpfung. Warum gerade diese beiden Bereiche und nicht irgendwelche anderen? Ganz einfach: es gibt keine anderen ... Man könnte also auch sagen, dass das Beispielvolk in allen Bereichen des Lebens vorbildhaft sein soll, damit alle anderen Menschen an ihm erkennen, wie Gott ist. Jesus sagt übrigens das Gleiche. Als er gefragt wird, was das Wichtigste sei, antwortet er: *Liebe Gott und deinen Mitmenschen. Darin sind alle Gebote zusammengefasst.*

Gott steht zu seinem Versprechen und beschenkt sein Beispielvolk. Ich nenne das die drei Segensbekundungen Gottes, denn drei ist die heilige Zahl. Das Beispielvolk bekommt nach und nach ein eigenes Land, einen eigenen Staat und einen eigenen Tempel. Aber das Beispielvolk versagt. Es legt einen Epic Fail nach dem anderen hin. Überhaupt nicht nice, sondern total lame. Deswegen muss Gott ein Machtwort sprechen. Nicht weil er irgendwie übersauer ist, sondern weil es ja darum geht, dass Gott die Menschen nicht wieder wegspülen, sondern erreichen und verwandeln will. Es geht hierbei um Leben und Tod, Schöpfung und Nichtschöpfung, es geht darum, ob Gottes Plan funktioniert oder nicht und ob die Schöpfung doch noch das werden kann, wozu sie eigentlich mal gedacht war: nämlich ein sichtbares Abbild des unsichtbaren Gottes zu sein.

Deswegen gibt es eine erste Strafe: der Staat wird geteilt in Nordreich und Südreich. Da Gott aber das Gute will, schickt er immer wieder Propheten. Leute, die das Beispielvolk an dessen Auftrag erinnern sollen, nämlich beispielhaft zu leben. Die Kritik der Propheten kann man total cool zusammenfassen, weil sie genau mit den beiden Bereichen übereinstimmt, in denen das Beispielvolk vorbildlich sein soll. Die Propheten wettern zum Beispiel gegen die Verehrung anderer Götter, das betrifft den senkrechten Bereich, die Beziehung zu Gott. Und sie wettern dagegen, dass Ungerechtigkeit und Armut im Land herrschen. Das betrifft den waagerechten Bereich, die Beziehung zu den Mitmenschen und zur Schöpfung. Aber das Beispielvolk hört nicht und lebt nicht vorbildhaft. Deswegen gibt es eine zweite Strafe, die schon etwas heftiger ausfällt. Das Nordreich geht unter. Aber weiterhin und sogar vermehrt schickt Gott Propheten, die erinnern, mahnen, einladen und Beispiele dafür geben, wie es laufen sollte.

Aber das Beispielvolk hört nicht und lebt nicht vorbildhaft. Deswegen gibt es eine dritte Strafe, die noch heftiger ausfällt. Der Untergang des Südreichs, das babylonische Exil. Alle drei Segensbekundungen Gottes an sein Beispielvolk sind auf einen Schlag weg: Land, Staat und Tempel. Drei Strafen, die sich immer mehr steigern. Sicher kein geschichtlicher Zufall. Und das Beispielvolk weiß jetzt, was das bedeutet. Die Leute sagen: *Jetzt ist alles verloren. Alles weg. Land, Staat, Tempel. Gott hat uns verworfen. Er will nicht mehr. Keinen Bock mehr.* Aber Gott sagt: *Fürchte dich nicht. Ich bin bei dir, mein Beispielvolk. Ich habe dich doch erwählt. Und ich liebe dich. Und ich liebe meine Welt und meine Menschen. Deswegen halte ich an meinem Plan fest. Ihr habt es zwar eigentlich nicht verdient. Aber ich liebe mein Volk, ich liebe meine Welt und ich liebe meine Menschen. Mein Plan soll sich erfüllen, dass die Menschen und die Welt doch noch Abbild meines Wesens werden.*

Das Exil geht zu Ende. Das Beispielvolk darf zurückkehren. Ins Land. Aber es gibt keinen eigenen Staat mehr. Und der neue Tempel ist nicht der, den der Prophet Hesekiel vorhergesagt hatte. Das Beispielvolk wartet noch immer auf das endgültige Ende des Exils und darauf, dass alles wieder so wird wie früher. Es wartet darauf, dass Gott kommt und handelt. Und dann kommt Gott tatsächlich! Jesus kommt. Jesus ist Gott, der die Welt besucht. Und er sagt: *Jetzt ist es so weit! Gott kommt zu seinem Volk! Ich bin Gott, der zu seinem Volk kommt! Und ich will das Beispielvolk erneuern und wieder einsetzen als Abbild. Denn ich liebe mein Beispielvolk und ich liebe die Menschen.*

Jesus baut um sich herum das neue Beispielvolk auf. Er setzt zum Beispiel zwölf Jünger ein, ein Symbol für die zwölf ursprünglichen Stämme des Volkes Israel. Und er sagt: *Wer keine Frucht bringt, wird wie eine fruchtlose Rebe weggeworfen. Es geht hier um Leben und Tod, Schöpfung und Nichtschöpfung, Existenz und Nichtexistenz. Kehrt um, lasst euch liebhaben und seid wieder das Beispielvolk. Damit die Schöpfung doch noch werden kann, wozu sie ursprünglich mal bestimmt war: Abbild des Himmels zu sein.*

Die Geschichte hat gezeigt, dass das Volk nicht auf Jesus gehört hat und nicht umgekehrt ist. Im Jahre 70 zerstören die Römer Jerusalem und verjagen alle Menschen aus dem Land. Nach den Assyrern und Babyloniern kam nun eine dritte militärische Großmacht. Sicher kein historischer Zufall. Aber Jesus hatte ja gesagt, dass Gott seine Welt liebt. Dass Gott seine Menschen liebt. Und dass er deshalb an seinem Plan festhalten wird. Deswegen hatte Jesus ja ein neues Beispielvolk um sich herum aufgebaut. Damit dieses neue Beispielvolk wieder Vorbild und

Abbild sein kann. Damit die Welt und die Menschen erreicht und verwandelt werden können. Und dieses neue Beispielvolk besteht aus den Menschen des ursprünglichen Beispielvolks, die Jesus gefolgt sind. Und aus den Menschen, die nicht zum ursprünglichen Beispielvolk gehören, aber durch den Glauben an Jesus jetzt dazugehören. Sie sind durch den Glauben an Jesus in das neue Beispielvolk mit hineingenommen. Das neue Beispielvolk nennt die Bibel *Christen.*

Und der Auftrag ist genau derselbe geblieben: Wir als Christen sollen vorbildhaft sein in den Bereichen Beziehung zu Gott und Beziehung zu den Mitmenschen und zur Schöpfung. Wo immer das geschieht, wird die Welt wieder das, was sie ursprünglich mal sein sollte: Abbild des Himmels. Wir Christen sind eingeladen, dass sich dieser Bereich vergrößert, dass also immer mehr von der Welt zu einem Abbild des Himmels wird. Das nennen wir das *Reich Gottes.* Um das hinzukriegen, müssen wir ganz nah an Jesus dranbleiben, uns von seiner Liebe und Power erfüllen lassen. Und irgendwann wird Gott diese Welt ganz und gar verwandeln. Und es wird eine Riesen-Party geben. Denn dann ist die Schöpfung wieder das, was sie ursprünglich sein sollte: Abbild des Himmels.

Wow! Was für eine ultracoole Geschichte. Die Geschichte Gottes mit der Welt. Total krass! Lass dich davon begeistern und mit hineinnehmen! You're welcome!

Bibelstelle:

Dann sah ich einen neuen Himmel und eine neue Erde. Denn der vorige Himmel und die vorige Erde waren vergangen und auch das Meer war nicht mehr da. Ich sah, wie die Stadt Gottes, das neue Jerusalem, von Gott aus dem Himmel herabkam:

festlich geschmückt wie eine Braut an ihrem Hochzeitstag. Eine gewaltige Stimme hörte ich vom Thron her rufen: „Hier wird Gott mitten unter den Menschen sein! Er wird bei ihnen wohnen und sie werden sein Volk sein. Ja, von nun an wird Gott selbst in ihrer Mitte leben. Er wird alle ihre Tränen trocknen und der Tod wird keine Macht mehr haben. Leid, Klage und Schmerzen wird es nie wieder geben; denn was einmal war, ist für immer vorbei." Der auf dem Thron saß, sagte: „Sieh, ich schaffe alles neu!" Und mich forderte er auf: „Schreib auf, was ich dir sage, alles ist zuverlässig und wahr." Und weiter sagte er: „Alles ist in Erfüllung gegangen. Ich bin der Anfang und ich bin das Ziel, das A und O. Allen Durstigen werde ich Wasser aus der Quelle des Lebens schenken."
(Offenbarung 21,1-6)

Tipp des Tages:

Versuch mal, mit einem Film, Figuren, Bildern oder Gegenständen die Heilsgeschichte Gottes mit der Welt nachzubauen, hinzuzeichnen oder darzustellen!

Über mich:

Ich heiße Jakob Kimpel, bin 22 Jahre alt und studiere im 5. Semester Theologie in Tabor. Ich wohne in Marburg, Lahn. Das Studium ist für mich eine Leidenschaft, die aber auch immer wieder Leiden mit sich bringt, wenn der eigene Glaube auf den Prüfstand gestellt wird. Meine E-Mail: jakob.kimpel@gmx.de

Warum bin ich?

Jakob Kimpel

„Warum?“ Fünf Buchstaben, die mein Leben durcheinanderbringen. Die mein Innerstes durchdringen. *Warum bin ich?* Warum ausgerechnet ich? Hätte nicht jemand anders meinen Platz einnehmen können? Nein! Oder vielleicht doch? Warum eigentlich nicht? Was macht gerade *mein* Dasein so besonders? Ist mein Leben nicht austauschbar? Einer von über sieben Milliarden. Auf einem winzigen Felsen rasen wir gemeinsam durchs All. Wie lächerlich klein erscheint doch unser Planet im Vergleich zu den unendlichen Weiten des Universums. Und doch meinen sie, mein Leben sei wichtig, gar von Gott gewollt. Gott. Dies scheint ihre Antwort auf alle meine Fragen. Doch ist es wirklich so leicht? Lässt sich mein *Warum* mit vier kleinen Buchstaben beantworten? Das scheint mir zu simpel.

Warum sollte gerade die Anordnung der Atome, die meinen Körper bilden, von besonderer Bedeutung sein? Homo sapiens. Der Mensch, der denkt. So lässt sich mein Sein biologisch klassifizieren. Haarfarbe, Fingerabdruck und Sprache unterscheiden uns, doch kann einer von uns unter Wasser atmen oder gar fliegen? Nein. Unsere Unterschiede scheinen plötzlich verschwindend gering. Verglichen mit anderen Vertretern meiner Spezies erscheine ich mir wieder absolut austauschbar. Und da kommt sie wieder, die Frage meines Lebens. *Warum?* Warum bin ich verflucht, dieser Frage ohne Antwort nachzujagen? Wie gerne würde ich dieses Dasein eintauschen. Wie gerne wäre ich ein Adler. König der Lüfte. Frei von Sorgen. Bestimmt von den Instinkten. Mit dem einzigen Ziel, mein Leben und meinen Horst zu verteidigen und so den Weg für eine neue Generation von Adlern zu ebnen. Frei von dieser elendigen Frage, warum ich bin. Und doch bleibt es ein Traum. Denn ich bleibe ich und ich bin hier. Versuche, der Frage auszuweichen, bringen nichts. Immer hartnäckiger peitscht sie mich voran. Warum soll ich weiterleben? Warum morgens überhaupt noch aufstehen? Warum zur Schule gehen? Warum Beziehungen knüpfen? Ist denn nicht alles vergeblich? Wo doch jeder guten Note die Begrenztheit meines Verstandes gegenübersteht. Wo mit jedem gelungenen Kuss Zerwürfnisse und Trauer einherzugehen scheinen? Wo jedem halbwegs gelungenen Tag eine Woche voll Stress und Sorgen folgt. Immer länger wird der Film meines Lebens, doch wird er besser? Wird die Last nicht von Tag zu Tag mehr? Und doch wird mir zugerufen, ich soll weitermachen. Weiter, höher, besser. Ehrgeiz und Wachstum um jeden Preis. Lebe ich für Erfolg? Geld? Sex? Ansehen? Wissen? Freiheit? Macht?

Wie nichtig scheinen mir diese Versuche, meiner Existenz einen Sinn zu verleihen. So viele Opfer, um spätestens nach einem knappen Jahrhundert wieder aus der Weltgeschichte zu verschwinden? Wer war ich dann? Einer von vielen. Unbedeutend und klein. Trotz aller meiner Anstrengungen, etwas mit meinem Leben anzufangen. Doch dann, inmitten dieser Belanglosigkeit, diesen sinnlosen Antwortversuchen und leeren Taten, drängt er sich wieder in mein Leben. Gott. Er schaut mich an. Lächelnd geht er auf mich zu. Er öffnet seine Arme und sagt: Du bist mein geliebtes Kind. Ich habe dich nach meinem Ebenbild geschaffen und niemand kann daran etwas ändern. Komm! Schluchzend stolpere ich in seine Arme. Umhüllt von seinem Mantel beginne ich zu weinen. Tränen der Freude, weil in mir Ruhe eingekehrt ist. Geborgen in den Armen meines mich liebenden Schöpfers erahne ich die Antwort auf mein Warum. Es ist sein Wille, dass ich existiere. Er gab mir meine Stärken und Begrenztheiten. Er schuf mich, dass ich mit ihm in Beziehung leben kann, dass ich in ihm meinen Sinn finde. Seine Liebe zu mir ist das Zentrum meines Daseins. Der Anker, der mich hält, wenn meine Zweifel und Sorgen mich zu zerreißen drohen. Der einzige Grund, warum ich nicht nur einer von vielen Homo-Sapiens-Exemplaren bin, der auf einem kleinen Felsen durch das Weltall rast. Denn ich bin mehr als das. Ich bin ein Kind des Schöpfers von Himmel und Erde.

Bibelstelle:

Da begann ich das Leben zu verabscheuen, alles auf der Welt war mir zuwider. Denn es ist so sinnlos, als wollte man den Wind einfangen.
(Prediger 2,17)

Du bist meine Hoffnung, Herr, dir vertraue ich von Kindheit an! Ja, seit meiner Geburt bist du mein Halt. Vom ersten Tag an hast du für mich gesorgt. Darum will ich dich loben mein Leben lang.
(Psalm 71,5-6)

Tipp des Tages:

Nimm dir Zeit! Nimm dir Zeit, deinen Fragen nachzugehen. Nimm dir Zeit, deine Sorgen und Zweifel auszusprechen oder aufzuschreiben. Gerade Letzteres ist ein guter Weg für mich, um Ruhe in meinem persönlichen Chaos zu finden. Such dir eine gemütliche Umgebung, mach dir Musik an und dann schreib drauflos. Lass alles raus!

WOAH!??
CHOOOM SWEEP!
HAB KEINE ANGST! ICH WILL DIR NICHTS BÖSES.
ICH BIN DU ...
AUS DER ZUKUNFT.
ERNSTHAFT?
WIESO BIST DU... BIN ICH ZURÜCK-GEREIST ???
DU HAST DEIN GANZES LEBEN VERGEUDET, WEIL DU EINE ZEIT-MASCHINE BAUEN WOLLTEST, UM ZUM URSPRUNG DER WELT ZU REISEN. DU WARST BESESSEN VON DER IDEE, AM ANBEGINN DER ZEIT, DIE SCHÖPFERHAND GOTTES ZU SEHEN.
NUR BLÖD, DASS ES SO VERDAMMT LANGE GEDAUERT HAT UND MEIN SEHVERMÖGEN MITTLERWEILE DERART NACHGELASSEN HAT, DASS ICH NICHT MAL EIN KAMEL VON EINEM ELEFANTEN UNTERSCHEIDEN KÖNNTE.
EIGENTLICH WOLLTE ICH DIR DIE BAUPLÄNE FÜR DIE ZEIT-MASCHINE MITBRINGEN, ABER MEIN GEDÄCHTNIS HAT EBENFALLS NACHGELASSEN.
BITTE TU MIR DEN GEFALLEN UND ENTWICKLE IN DIESEM LEBEN LIEBER ZWEI BIONISCHE AUGEN FÜR MICH.
W. DOLLE 2016

Über mich:

Ich heiße Felicitas Alexi und habe meine Ausbildung zur Erzieherin und Jugendreferentin am Marburger Bibelseminar gemacht. Momentan arbeite ich im Elim-Zentrum Kaiserslautern und betreue dort junge Leute, die ein FSJ und eine Jüngerschaftsschule machen.
Meine E-Mail: felicitas.alexi@gmx.de

Eine Überraschung im Garten

Feli Alexi

Wir spazierten barfuß durch den Garten. Jesus ging still neben mir und ich konnte die ruhige und vertraute Atmosphäre genießen. Um uns herum blühten wunderschöne Blumen in allen Größen und Farben. Vögel und Schmetterlinge flogen über unseren Köpfen hinweg und neben uns floss ein rauschender Bach mit klarem, kaltem Wasser. Die Luft vermischte sich mit dem Geruch von Sommerabenden und Lagerfeuer. Leise setzten wir uns an das Ufer des Bachs und unsere Zehenspitzen berührten leicht das erfrischende Wasser. Als ich meinen Kopf an seine Schulter lehnte und versuchte, den Moment wie Luft einzuatmen, unterbrach Jesus die Stille: „Kind, weißt du eigentlich, dass ich dich unendlich liebe?" Einen Moment dachte ich nach. Ich glaube schon. Das habe ich doch jetzt schon oft gehört. „Na ja." Ich wagte diesen Schritt und öffnete einen Spalt weit mein Herz. „Ich weiß nicht, eigentlich dachte ich schon, dass ich das weiß. Aber manchmal bin ich mir, ehrlich gesagt, nicht ganz sicher. Gestern ..." Meine Gedanken wanderten zu einem Ereignis in meinem Klassenzimmer, bei dem ich einen Großteil dazu beigetragen hatte, eine Mitschülerin lächerlich zu machen. Bei den anderen hatte ich dafür später Anerkennung geerntet, aber das Mädchen verließ mit hängenden Schultern und Tränen in den Augen den Raum. Diesen Moment zurückzuholen, das brachte Verzweiflung und Scham in mir hervor. Schnell verdrängte ich diese Gedanken wieder und konzentrierte mich auf das Gespräch mit Jesus. Erst jetzt merkte ich, dass ich meinen Kopf von seiner Schulter genommen und mich innerlich ein Stück von ihm distanziert hatte. „Was ist mit gestern?" Echtes Interesse, gemischt mit Liebe, schwang in seiner Stimme mit, aber ich wollte ihm nicht erzählen, an was ich gerade gedacht hatte. Es gab vieles in meinem Leben, das ich vor ihm verstecken wollte. „Ist egal, nichts!" – „Vertraust du mir, dass ich dich annehme und deinen Schmerz aushalten kann?" *Vertraust du mir, dass ich dich annehme und deinen Schmerz aushalten kann??* Mit Leidenschaft und Sehnsucht zerrten die Worte an meinem Herzen. Ich spürte, dass mich etwas davon abhielt, aber der Wunsch, ihm alles zu erzählen, alles herauszulassen, war mindestens genauso stark. Es war der Wunsch, ihm mein Herz offen hinzuhalten und alle Verletzungen und Wunden, die mir jemals zugestoßen sind, von seinen Händen berühren zu lassen. Aber ich hatte Angst. Angst vor Ablehnung. Angst vor Verachtung. Angst, den Schmerz zuzulassen, den die Heilung mit sich brächte. *Vertraust du mir?* Diese Worte schienen wie eine verlockende Einladung. Es geht um Vertrauen, oder? Vertrauen, dass ich nicht abgelehnt werde. Vertrauen, dass ich nicht verachtet werde und dass seine Liebe größer ist als all mein Versagen. „Ich habe Angst." – „Ich weiß!" Momente des Wartens vergingen und dann fand ich mich in seinen Armen wieder, die mich hielten, während ich ihm mein Innerstes offenbarte. All das, was ich bisher sogar vor mir selbst zu verstecken versucht und meisterhaft verdrängt hatte. Die Verachtung anderer Menschen, die mir keinen Wert beimaßen, die sich wie Messerschnitte tief in mein Herz gegraben hatte. Jeglicher Hass auf mich selbst – für das, was ich nicht bin, was ich nie erreicht habe. Selbstverachtung, Scham und Schuld. Es war schwer, mir meine Gebrochenheit einzugestehen und nicht weiterhin zu versuchen, mein perfektes Selbstbild aufrechtzuerhalten. Und es schmerzte. Mein Herz blutete. Heiße Tränen liefen meine Wangen hinunter. Meine Schultern zitterten und jeder Atemzug schmerzte in meiner Brust. Ich wusste, dass es notwendig war. Die Tränen waren heilsam und reinigend und fielen in schweren Tropfen auf den Boden. Aber als ich all mein Leid herausgeweint hatte, hörte mein Körper auf zu zittern und Frieden machte sich an den Stellen breit, an denen vorher Verzweiflung und Trauer gewesen waren. Ich hob langsam meinen Kopf. Was ich dann sah, werde ich nie vergessen. Jesus hatte jede einzelne meiner Tränen aufgefangen. Sie waren still und leise in seine durchbohrten Hände geflossen und schließlich zu Boden gefallen. Während meine Augen wie gebannt die Löcher in seinen Händen anstarrten, begann mein Kopf langsam zu begreifen: Seine Wunden versöhnten alles. Seine Wunden hatten in sich allen Schmerz, alles Leid, alle Sünden meines Lebens aufgenommen. Er hatte das alles schon gewusst und längst ertragen. Ich musste mich nun nicht mehr zwingen, ihm in die Augen zu schauen. Ich wusste es jetzt. Ich konnte ihm vertrauen, weil er mich in meiner Gebrochenheit annahm und weil er meinen Schmerz ertragen und getragen hat. Sein Blick bestätigte mir dieses Wissen. Als ich in seine Augen sah, verstand ich außerdem noch etwas anderes: Nur durch meine absolute Hingabe konnte ich die Fülle seiner Liebe erleben und für mich annehmen. Indem ich mich vollkommen fallen ließ und mich ihm öffnete, konnte ich die Sicherheit in seinen Armen erfahren, die ich nach jenem Tag nie wieder verlassen wollte, weil sie die tiefste Sehnsucht meines Herzens erfüllte. Und weil ich diese Erfüllung an keinem anderen Ort als bei ihm finden konnte.

Bibelstelle:

Denn Gott ist durch Christus selbst in diese Welt gekommen und hat Frieden mit ihr geschlossen, indem er den Menschen ihre Sünden nicht länger anrechnet. Gott hat uns dazu bestimmt, diese Botschaft der Versöhnung in der ganzen Welt zu verbreiten. (2. Korinther 5,19)

Tipp des Tages:

Nimm dir mal eine halbe Stunde Zeit, in der du alle Ablenkung vermeidest und Gott das erzählst, was du vielleicht bisher vor ihm versteckt hast. Öffne Gott dein Herz und vertraue darauf, dass die Schönheit seiner Liebe größer ist als der Schmerz deiner Schuld.

Bin ich schön?

Fossi Bäumer

Eine alte Frage, liebe Freunde. So alt wie die Menschheit. Neulich habe ich eine Internet-Seite entdeckt, da konnte man ein Bild von sich reinstellen und die anderen konnten diesem Bild dann Noten geben. Anscheinend ist das eine ultra-wichtige Frage: Bin ich schön? Sehe ich gut aus? Bin ich für andere anziehend?

Auch im Märchen vom Schneewittchen spielt diese Frage eine große Rolle: *Spieglein, Spieglein an der Wand, wer ist die Schönste im ganzen Land?* Und wie oft gibt's diesen Satz in irgendwelchen Märchengeschichten: *Eine Prinzessin, schöner als alle anderen Mädchen im ganzen Land* oder *ein gar hübscher Jüngling, schön von Gestalt.* Gehen wir noch weiter zurück, in die griechische Sagenwelt, da gab's *Narzissos.* Der kommt einmal durstig von der Jagd zurück, beugt sich über eine klare Quelle, sieht darin sein Spiegelbild und entbrennt in heftigster Liebe zu sich selbst. Er wird dadurch fast irre und deswegen von den Göttern in eine Narzisse verwandelt. Diese Blumen stehen schräg am Wasserrand und können sich die ganze Zeit anschauen.

Sogar in der Bibel gibt es Geschichten über die Schönheit von Menschen. Esther zum Beispiel, die durch ihre Schönheit das Volk Israel rettet. Oder Jakob, der bei Laban die ultra-hübsche Rahel gesehen hat und dann ganze 14 Jahre arbeitet, damit er sie heiraten darf.

Wenn Schönheit in der Bibel erwähnt wird, kann sie nun ja nicht ganz schlecht sein. Aber wir müssen nicht Psychologie studieren, um zu checken, dass in unserer heutigen Welt etwas zu viel Tamtam um den äußeren Schein gemacht wird, oder? Das Äußere ist so wichtig geworden, dass das Innere nebensächlich ist. Das Äußere ist wichtiger als das Innere, das ist irgendwie Dummsinn. Stell dir vor, du isst einen Apfel, der außen ultra glänzt und supergeil aussieht und innen verfault und von widerlichen fetten Maden durchkrochen ist. Wie stark bist du davon beeinflusst? Man könnte diese Haltung schon fast als Krankheit sehen, eine Art „Spiegelsucht". Leidest du auch oft oder manchmal an Spiegelsucht?

- Wenn du in einem Restaurant auf die Toilette gehst, schaust du da in den Spiegel?
- Wenn du an einem Schaufenster vorbeigehst, prüfst du dann, wie du aussiehst?
- Siehst du, bevor du das Haus verlässt, gleich mehrere Male in den Spiegel?
- Kriegst du übelste Hassfressen auf deinen Spiegel, wenn er dir einen Pickel zeigt?

Meine Freunde, ich bin auch nicht frei davon. Es geht ja auch nicht darum, herumzulaufen wie ein fußkranker Zombie. Aber die Welt, in der wir leben, drängt uns mit aller Kraft dazu, auf unser Äußeres achtzugeben und auch andere Menschen danach zu beurteilen, wie sie aussehen. Dem kann man sich nur ganz schwer entziehen. Hinter meiner Spiegelsucht steckt die Sehnsucht danach, dass die anderen Menschen mich gut finden und mich mögen. Es ist letztlich die Sehnsucht nach Annahme, Anerkennung und Zuwendung. Und tief im Inneren glaube ich dann:

- Wenn ich perfekt aussehen würde, dann würden alle Menschen mich toll finden.
- Wenn ich perfekt aussehen würde, dann würde das Leben wie von selbst laufen.
- Wenn ich perfekt aussehen würde, dann wäre alles gut – nie wieder Streit, Regen, wabbelige Pommes, Fünfen in Mathe und der Mond würde grün und viereckig ...

Das Problem ist nicht nur, dass das eine lächerliche Annahme ist, sondern auch, dass ich ja nie *alle* Schönheitsmerkmale in mir vereinigen kann. Es gibt ja Dinge, die sich gegenseitig ausschließen.

- schwarze kurze Haare und rote lange Haare
- geheimnisvolle sinnliche dunkle Augen und strahlend frische blaue Augen
- groß und muskelbepackt wie Arnold Schwarzenegger und klein und drahtig wie Bruce Lee
- eine athletische Figur und eine üppige Figur
- klein und zierlich, groß und schlank

Meine Sehnsucht („So würde ich gerne aussehen") ändert sich auch alle paar Tage, je nachdem welche Menschen ich gerade im Fernsehen, Kino oder in einer Zeitschrift gesehen habe. Wenn das bei dir auch so abläuft, dann ist das ein Zeichen. Ein Symptom dafür, dass da etwas nicht ganz in Ordnung ist. Wenn ich das eine habe, sehne ich mich schon wieder nach dem Nächsten.

Da ist irgendetwas in mir drin, was eine Sehnsucht auslöst, aber irgendwie kann die nicht wirklich gestillt werden. Das geht auch noch weiter als Aussehen und Schönheit. Ganz oft richtet sich diese Sehnsucht auch auf das ganze Leben von Vorbildern, Stars und Idolen. Oder auf eine ganze Welt, die ich im Fernsehen oder im Kino sehe:

- Würde ich doch in der Welt von Herr der Ringe leben!
- Würde ich doch in der Welt von Star Wars leben!
- Würde ich doch in der Welt von Vampire Diaries oder Harry Potter leben!
- Oder im Wilden Westen, auf einer Raumstation, in den 50er-Jahren, auf einer einsamen Insel, in einem tibetischen Kloster oder auf dem Bahnhofsklo ...

Ich bin der festen Überzeugung: Wenn ich wirklich zum Beispiel in Tolkiens Fantasiewelt Mittelerde leben würde, dann käme nach spätestens sieben Tagen (nach Alltag, Misserfolgen und Pickeln) diese Sehnsucht zurück. Und ich würde sagen: *Wäre ich doch bloß auf dem Raumschiff Enterprise!* Und wenn ich dort dann feststelle, dass es auch Alltag, Misserfolge und Pickel gibt, würde alles wieder von vorne losgehen. Das gilt genauso für Schönheit und Aussehen. Wäre ich Justin Timberlake, würde ich nach spätestens sieben Tagen wieder die Sehnsucht spüren und lieber doch Arnold Schwarzenegger sein. Wäre ich Katy Perry, würde ich schon bald sagen: Als Helene Fischer wäre ich endgültig und wirklich glücklich! Das kommt daher, dass diese Sehnsucht nur ein Symptom für etwas ist, das eigentlich ganz tief in mir drinsteckt. In meinem Herzen. In meiner Seele.

Ein Grund, warum ich Jesus nachfolge, ist, dass ich keinen Nerv mehr habe auf diesen ganzen Schönheits-Bullshit. Ich habe erkannt, dass ich selbst nicht die Kraft habe, mich davon loszumachen. Die Macht von Fernsehen, Kino und Zeitschriften ist einfach größer als mein kleiner lächerlicher Fossi-Wille. Was tun? Jesus sagt: Lebe so wie ich. Werde mein Freund. Werde mein Nachfolger. Werde meine Nachfolgerin. Sieh dich so, wie Gott der Vater dich sieht. Sieh dich als Königskind. Denn du bist der Geliebte Gottes. Du bist die, die geliebt wird von Gott. Geht das überhaupt? Oder ist das frommes Geschwätz? Dummsinniges Gelaber?

Nein! Das geht! Das funzt! Jesus kann mich frei machen von meiner Spiegelsucht! Ich habe die Erfahrung gemacht: Wenn ich ganz nah dran bin an Jesus und nur auf ihn schaue und nur auf seine Stimme höre, dann kann ich mich wirklich als Gottes geliebtes Kind sehen. Dann kann ich mich ultra-geliebt fühlen von meinem Vater im Himmel, der mich mit liebevollen und stolzen Augen anschaut. Dann ist es vollkommen egal, was ich anziehe; ob meine Lieblingshose für die Party noch nicht trocken ist oder ob ich gerade einen kleinen Pickel im Gesicht habe. Wenn ich aber nur auf mich sehe, wenn ich mich manipulieren lasse von anderen Menschen, dann wird auch die geilste Hose nichts ändern; dann werden auch die neu gekauften Converse nichts rausreißen; dann hilft es auch nicht lange, wenn die anderen zufällig der Meinung sind, dass ich gut aussehe.

Wenn ich weiß, dass mich Gott, mein Vater im Himmel, liebevoll und stolz anschaut, dann kann ich wirklich frei und fröhlich leben. Komme, was da wolle. Ich kann dann ganz ich selbst sein und muss mich nicht dauernd aus meinem eigenen Körper wegwünschen oder mich aus meinem Leben hinaussehnen. Oder wie es ein Kalenderspruch einmal formuliert hat: *Sei du selbst! Außer, du kannst ein Einhorn sein. Wenn du kein Einhorn sein kannst, dann sei du selbst.*

Bibelstelle:

Was ist da schon der Mensch, dass du an ihn denkst? Wie klein und unbedeutend ist er, und doch kümmerst du dich um ihn. Ja, du hast ihm eine hohe Stellung gegeben – nur wenig niedriger als die Engel. Mit Ruhm und Ehre hast du ihn gekrönt. (Psalm 8,5+6)

Tipp des Tages:

Achte heute oder morgen mal genau darauf, wann sich deine Spiegelsucht meldet. Oder wann du dich wieder einmal danach sehnst, jemand anderer zu sein oder in einer anderen Welt zu leben. Und dann versuch mal zu analysieren, warum diese Gefühle bei dir entstehen. Probier mal aus, ob es einen Unterschied macht, wenn du ganz nah an Jesus bist und dir sicher bist, dass Gott dich liebevoll und stolz anschaut.

ICH WÜNSCHT', ICH WÄR...
MUSKULÖSER...
UND ULTRA ATTRAKTIV...
ODER SUPER TALENTIERT.
WOAH?!!
SEI DU SELBST!
W. DOLLE 2016

Über mich:

Mein Name ist Johanna Fohrer. Ich bin 22 Jahre alt und studiere in Marburg Theologie.

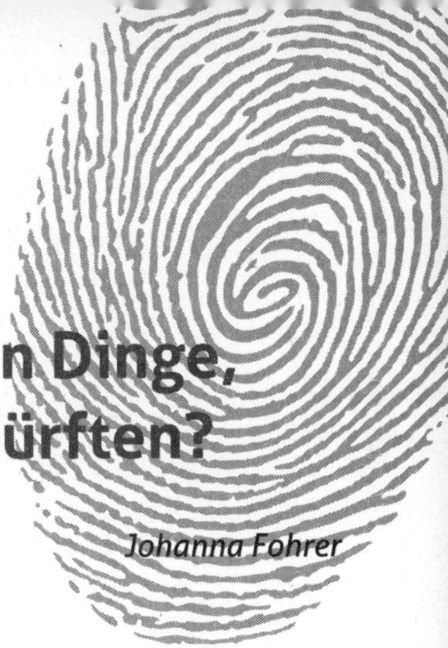

Warum passieren Dinge, die nicht sein dürften?

Johanna Fohrer

Hast du dich schon mal gefragt, warum manche Dinge passieren? Warum Dinge passieren, die nicht sein dürften? Hast du dich schon mal gefragt, wie Gott dazu steht? Ich habe hier mal ein paar meiner Gedanken aufgeschrieben, vielleicht kommen dir ja manche bekannt vor:

Wenn Gott alles tun kann, warum unternimmt er dann nichts? Wenn Gott uns liebt, warum tut er dann nichts, wenn er es doch könnte? Das würde doch bedeuten, dass Gott entweder bösartig oder unfähig ist! Aber das glaube ich nicht! Wenn ich in die Bibel schaue, erkenne ich, dass Gott sehr wohl fähig ist, die unglaublichsten Dinge zu tun! Außerdem kam Jesus und hat an unserer Stelle unsere ganze Schuld abbezahlt, damit er mit dir und mit mir befreundet sein kann! Er hat seine Liebe längst bewiesen, er hat längst gezeigt, wie er zu uns steht!

Gott kam durch Jesus in diese Welt. Nicht in den schönen Partyteil, sondern in den schmutzigen Teil. Jesus kennt unseren Schmerz nicht nur, er hat ihn selbst erfahren. Seinen ersten Atemzug tat er in einem schmutzigen, stinkenden Stall. Schon als Baby wurde er zum Flüchtling, weil ein König ihn umbringen wollte. Er hat erlebt, wie seine engsten Freunde ihn verraten und im Stich gelassen haben, als er sie am meisten gebraucht hätte. Er wurde ausgelacht, geschlagen, angespuckt. Angebliche Zeugen erzählten Lügen über ihn, für Geld. Die Leute, denen er geholfen hatte und für die er sich, obwohl er eigentlich schon richtig fertig war, immer wieder Zeit genommen hatte – diese Leute sind ihm nicht nur in den Rücken gefallen, sondern forderten laut seinen Tod. Schließlich wurden ihm grausamste Schmerzen zugefügt und er wurde für Verbrechen umgebracht, die er überhaupt nicht begangen hatte. Jesus weiß, wie es sich anfühlt, absolut verlassen zu sein, allein mit dem eigenen Elend. Er weiß nur zu gut, wie wir uns fühlen. Er versteht uns.

Obwohl wir keine Ahnung haben, warum Gott Schlimmes zulässt, glaube ich, dass Gott keinen Spaß daran hat, uns zu quälen oder unserem Leid tatenlos zuzusehen! Auch wenn er mir meine Fragen nicht beantwortet, kann ich trotzdem sicher sein, dass *mein* Schmerz *sein* Schmerz ist. Dass das Leid, das mich trifft, ihn ebenso (be-)trifft! Weil er mich so liebt, weil wir so eng zusammengehören. Gott ist kein Außenstehender, der zusieht, sondern der Mitleidende in deiner Situation.

Das beantwortet unsere Fragen nicht und löst nicht unsere Probleme, aber mir helfen diese Gedanken, auch in dunklen Stunden auf Jesus zu vertrauen und ihn als die liebevolle Person zu sehen, die er ist. Außerdem hilft mir noch etwas: Die Bibel sagt, dass es nicht für immer Leid geben wird. Eines Tages wird es keine Tränen mehr geben – das ist die große Hoffnung, die wir durch Jesus haben! Außerdem kann Gott schon hier und jetzt aus deinen leidvollen Erfahrungen etwas machen! Das ist so wie bei zerbrochenen Glasscherben, die neu und ganz anders zusammengesetzt ein wunderschönes Mosaikfenster ergeben können, das atemberaubend schön im Licht der Sonne erstrahlt!

Bibelstelle:

Ich aber, Herr, vertraue dir. Du bist mein Gott, daran halte ich fest! Was die Zeit auch bringen mag, es liegt in deiner Hand. (Psalm 31,15+16a)

Tipp des Tages:

Vor Gott darfst du auch so richtig wütend und traurig sein. Du darfst dich so richtig auskotzen, das ist okay. Aber ich möchte dich herausfordern, heute mal von dir wegzuschauen und dich darauf zu konzentrieren, wie gut Gott ist und wie gut er es mit dir meint! Vielleicht hilft dir der Psalm 31 und das folgende Lied, diesen Sprung zu machen.

Über mich:

Ich heiße Johannes Hoffmann, bin 22 Jahre alt und absolviere gerade meine Ausbildung am Marburger Bibelseminar (mbs) zum Erzieher und Gemeindepädagogen. Gelernt habe ich ursprünglich Tischler, hab aber gemerkt, dass mich Gott lieber in diesem Berufszweig haben möchte. Zwischen den beiden Ausbildungen war ich für ein Jahr in Papua-Neuguinea. Ich liebe meine beiden Eltern und meine drei Brüder! Wenn ihr mir persönlich schreiben wollt: hoffi.hannes@gmx.de

Was ist mein Lebensziel?

Johannes Hoffmann

Wie jeder Mensch habe auch ich mir viele Gedanken darüber gemacht, warum ich überhaupt hier auf der Welt bin und hier lebe. Ich glaube sogar, dass uns diese Gedanken ein Leben lang beschäftigen werden.

Immer wieder frage ich Leute in meiner Umgebung, was denn ihr Ziel oder Sinn des Lebens ist. Es ist wirklich spannend, was verschiedene Menschen dazu sagen. Für den einen ist das oberste Ziel, dass er eine Freundin hat; dass das Haus fertig abbezahlt ist; dass man sich über Geld keine Sorgen mehr machen muss, da man davon genug hat; oder so viel Spaß zu haben, wie es nur geht, da man ja nur einmal lebt ... Ich glaube, es ist ganz normal, dass jeder Mensch irgendwelche Ziele im Leben hat, die er verwirklichen möchte. Natürlich will ich auch irgendwann einmal eine Frau und Familie haben (denn ich glaube nicht, dass ich zur Ehelosigkeit berufen bin ...), aber ich hab für mich festgestellt, dass das oberste Ziel meines Daseins das *Leben für Gott* ist. Das klingt jetzt sicherlich ein bisschen pauschal und allgemein, aber das ist es ja auch, da jeder Mensch anders ist und ein Leben für Gott ganz unterschiedlich aussehen kann.

Jeder von uns hat unterschiedlichste Fähigkeiten und Möglichkeiten bekommen, die wir auf verschiedenste Arten einsetzen können. Die eine lebt für Gott, indem sie für viele Menschen Brötchen backt, und der andere, indem er Leuten ihre Wohnung ausstattet. Oder eine lebt für Gott, indem sie Streitigkeiten klärt, die die Leute sonst nicht allein klären könnten. Manche möchten mit Gott direkt in ihrem Beruf arbeiten und werden zum Beispiel Pastor, Gemeindepädagogin oder Erzieher in einer evangelischen Kindertagesstätte. Mein oberstes Ziel ist es, in dieser Welt ein gutes Leben zu führen und anderen mit den Mitteln und Möglichkeiten zu helfen, die ich habe, sowie vielen Menschen von Gott zu erzählen. Viel wichtiger als das Erzählen finde ich aber das Vorleben, denn die schönsten Worte bringen nichts, wenn ich ganz anders lebe (zum Beispiel als „Sonntagschrist", der am Sonntag in der Kirche seinen Glauben ausdrückt, aber während der Woche ein ganz anderes Leben führt). Wir brauchen uns aber auch nicht das ganze Leben lang aufzuopfern, sondern sollen auch immer wieder an uns denken:

Ich habe aber auch etwas Schönes und Gutes entdeckt: dass jemand isst, trinkt und Freude an seiner Arbeit hat, obwohl sie ihm, solange er lebt, viel Mühe schafft – denn das ist seine Bestimmung. (Prediger 5,17)

Wenn wir hier auf dieser Erde Jesus Christus nachfolgen und uns für Gott und unsere Mitmenschen einsetzen, dann haben wir die Gewissheit, dass wir in den Himmel kommen. Und dort wird es einfach bombastisch – unvorstellbar gut. Das ist mein Lebensziel.

Bibelstelle:

Ladet alle eure Sorgen bei Gott ab, denn er sorgt für euch. (1. Petrus 5,7)

Tipp des Tages:

Du kannst heute anfangen, für Gott zu leben: Tu heute einfach drei Menschen etwas Gutes (das kann man sich auch für jeden Tag vornehmen).

Über mich:

Mein Name ist Ela Bechtel. Ich bin 23 Jahre alt und am Ende meines Soziale-Arbeit-Studiums. Gerade lerne ich ständig Neues darüber, was es wirklich damit auf sich hat, mit Gott zu leben. Deshalb höre ich gerne weisen Menschen zu. Wenn mir nichts mehr einfällt, versuche ich meine Erkenntnisse auf Leinwand, Papier oder Gitarre wiederzugeben. Oder ich suche mir Hardcore-Konzerte raus und schaue dann nach Leuten, die mitgehen. Meine E-Mail: ela.bechtel@gmail.com

Wer bin ich?

Ela Bechtel

W*er bist du?* Also, ich antworte auf diese Frage gewöhnlich mit: „Ich bin Ela, und du?" Das ist dann genau genommen nur der Name, der zu mir gehört. Könnte ich mich auch mit etwas anderem vorstellen? In anderen Kategorien, mit denen Menschen etwas anfangen können, die mich kennenlernen wollen? Zum Beispiel mein Alter – 22. Damit wäre dann geklärt, in welchem Entwicklungsstadium sich meine biologische Hülle befindet. Oder: Ich bin ein Mädel ... Damit kann eigentlich jeder etwas anfangen. Obwohl ...? Neulich in einem Seminar an der Uni wurden wir als Kurs gebeten, uns vorzustellen. Und zwar mit Namen, Alter und zu welchem Geschlecht wir uns an diesem Tag *zugehörig fühlen.* Du merkst schon, es handelt sich nicht um ein Mathe-Studium. Vielleicht dachtest du wie ich: „Hä? Na klar bin ich eine Frau!" oder „Natürlich bin ich ein Kerl!" Alle im Kurs haben sich daraufhin mit ihrem biologischen Geschlecht identifiziert.

So weit sind wir im Kurs dann also doch nicht in den ganzen Gender-Gedanken hineingerutscht, der gerade noch in vielen pädagogischen Kreisen diskutiert wird. Vielleicht sagt dir das jetzt gar nichts, deshalb hier kurz zur Info: Der Gender-Debatte liegt die Annahme zu Grunde, dass jeder Mensch unabhängig vom biologischen Geschlecht, also egal ob Mann oder Frau, von Grund auf die gleichen Startbedingungen hat und ihm lediglich durch die Gesellschaft ein Geschlecht antrainiert wird. Beispielsweise spielen Mädchen nur mit Puppen, weil ihnen keine Spielzeugautos vor die Füße gestellt werden, sonst würden sie natürlich gleichermaßen wie Jungs mit den Autos spielen. Du hörst vielleicht raus, dass ich diese Meinung nicht unbedingt teile. Ich denke, dass natürlich jeder Mensch gleichberechtigt ist und beispielsweise seinen Interessen nachgehen sollte, ganz gleich, ob sie nun eher Männern oder Frauen zugeschrieben sind. Frauenfußball oder Modedesigner. Aber es gibt ihn eben doch: Den (gar nicht so) kleinen Unterschied zwischen Mann und Frau.

Ich will in diese Diskussion nicht tiefer einsteigen. Ich will dich ermutigen, dass du als der, der du bist, oder die, die du bist, genau richtig bist! Apropos Frauenfußball: Ich zum Beispiel trage unheimlich gerne lockere Bermudas, die es in der Männerabteilung zu kaufen gibt. So oft denke ich: „Oh Mann! Machen das Frauen überhaupt? Sehe ich da nicht irgendwie männlich aus? Was denken die Jungs? Bin ich dann so hübsch wie die anderen Mädels?" Aber: Hey Ela! Es ist so egal! In dieser Hinsicht also stimme ich manchen Gedanken der Gender-Debatte zu.

Aber: Du bist und bleibst ein Mädel. Mit allem, was du bist und tust und kannst – du wurdest so geboren. Es ist kein Zufall, es hat einen Grund! Denn Jungs und Mädels sind sehr wohl unterschiedlich, und zwar so sehr, dass diesen Unterschied keine Bermudahose einfach überdecken kann! Damit meine ich nicht, dass ich vielleicht einen größeren Po habe als die Männer! Ich könnte auch sagen: Kein Hobby, dem „eigentlich" nur Jungs nachgehen, oder kein Sport, den „eigentlich" nur Mädels treiben, macht aus einem Mann eine Frau oder eine Frau zu einem Mann.

Vielleicht hast du es schon bemerkt: In unserer Gesellschaft gibt es immer weniger Vorgaben, was denn genau einen Mann und was eine Frau ausmacht. Das ist einerseits gut für genau das, was ich eben beschrieben habe: Frauen dürfen Männerbermudas tragen und Jungs dürfen Kuchen backen. Andererseits, wenn es überhaupt keine klaren Anhaltspunkte mehr gibt, geht irgendwann die Orientierung flöten. Du hast alle Freiheiten und am Ende soll gefälligst doch eine perfekte Frau oder ein perfekter Mann rauskommen. Und dann gibt es erst die Rückmeldungen: *Das macht man aber nicht! Das ist nicht ladylike!* Oder: *Pussy oder was?* Aber wo ist denn der Katalog für Fähigkeiten, die Männer bis zum 20. Lebensjahr erlernt haben sollen? Oder die Liste von Dingen, von denen Frauen besser die Finger lassen? Wessen Erwartungen sind nun eine gute Orientierung und geben Hilfestellung und welche stampfen den schönen Unterschied zwischen Mann und Frau einfach ein? Jetzt ist es an uns, dass wir uns für eine glaubwürdige Quelle entscheiden, und das ist meiner Meinung nach Gott.

Du kannst stolz darauf sein, mit welchem Geschlecht du geboren wurdest, weil Gott sich nämlich zwei Arten von Menschen ausgedacht hat, die beide zu 50 Prozent die Art und Weise, Charakter und Fähigkeiten seines Selbst widerspiegeln. Mann und Frau. Bäääm! Das schreit nach wunderschönen und bemerkenswerten Unterschieden! Darauf kannst du dir was einbilden! Dass du, wenn du eine Frau bist, garantiert etwas hast, was kein Mann auf der Welt leisten kann. Und dass du, wenn du ein Mann bist, garantiert etwas kannst, was keine Frau der Welt geben kann. Aber: Werde bloß nicht überheblich, dass du mehr kannst als dein Kumpel oder deine Kumpeline. Denn beide zusammen ergeben 100 Prozent der Vertretung Gottes auf Erden. Wie denn sonst? Du bist auf ihn oder sie angewiesen!

O.K., nur um das klarzustellen: Es geht mir nicht um Partnervermittlung – in unserer Welt wird schon zu viel auf die Sexualität reduziert. Das ist es ja gerade: Was fällt dir ein, das du besser kannst als zum Beispiel eine Frau, außer im Stehen zu pinkeln und dir einen Bart wachsen zu lassen? Es geht mir darum, dass wir auf den kleinen Unterschied stolz werden und das andere, das wir nicht haben, wertschätzen! Was denkst du – warum hat Gott Männer und Frauen erschaffen, wenn jedes Geschlecht für sich selbst klarkommen würde? Klar, es gilt: Lass dich, wenn du eine Frau bist, nicht ausnutzen und zum Objekt machen! Aber, wenn du ein Mann bist, lerne dich kennen und werde stolz auf das, was dich als Mann ausmacht!

Wenn du mehr darüber wissen möchtest, wie sich Gott das gedacht hat, dann lege ich dir nahe, in Gottes Buch hineinzuschauen, da steht drin, wie es zu den unterschiedlichen Geschlechtern kam: Im 1. Buch Mose, Kapitel 1 in Vers 27 oder mit mehr Details in Kapitel 2 zwischen Vers 15 und Vers 25. Und wie in einer romantischen Beziehung die Rollen verteilt sind, das steht hier: Im 1. Petrusbuch zu Beginn von Kapitel 3 und im Epheserbrief, Kapitel 5 ab Vers 21. Was wir auf beiden Seiten verlernt haben, ist, die Eigenarten des anderen zu lieben. Wenn du ein Mann bist, denk z. B. bitte nicht: *Große Güte, ist die emotional ... Wer lässt sich schon so von seinen Gefühlen leiten?* Denn das, was nur eine Frau kann, ist von unbezahlbarem Wert. Wenn du eine Frau bist, denk z. B. bitte nicht: *Oh nein, ist der Kerl rational!* Oder: *Oh nein, ist der langsam!* Frauen neigen manchmal dazu, alles kontrollieren zu wollen und den Männern nicht mehr zu vertrauen, dass sie was draufhaben und es hinkriegen! Aber wenn Männer etwas mit ganzem Herzen tun und verantwortlich und würdevoll ihr von Gott gegebenes Leitungsmandat bekleiden, dann machen sie das sehr gut.

Für Freidenker: Wir tragen in unserer Gesellschaft oft eine sehr weibliche Brille, durch die hindurch wir alles betrachten.

Das hat Vorteile, aber denk mal über die Nachteile nach! Es ist doch so genial, wie wir uns als Männer und Frauen, als Töchter und Söhne des höchsten Erfinders ergänzen! Ganz gleich, ob wir nun eher emotional oder eher rational sind – und das kann sowohl auf Frauen als auch auf Männer zutreffen –, wenn beide Eigenschaften zusammenkommen, hast du wieder deine hundert Prozent! Lass dich mal auf diese Suche ein und versuche wahrzunehmen, was im Alltag oft Frauen zugeschrieben wird oder Männern auferlegt ist, was vielleicht gar nicht zu ihnen passt. Erkenne, was du, wenn du ein Mädel bist, besitzt, was dich zur Frau macht, und was dich, wenn du ein Typ bist, zum Kerl macht!

* * *

Doch noch einmal zurück zum *Wer bin ich oder wer bist du?* Niemand kann anhand deines Namens, deines Alters oder deines Geschlechts auch nur erahnen, was in dir steckt und wer du deshalb bist! Deine Erlebnisse, Erfahrungen, Gedanken und Gefühle hast du und *nur du*! Ich weiß, das klingt bekannt, aber lass dich mal auf diese Fragen ein: Was rührt dich zu Tränen? Was bringt dich auf die Palme? Wohin sehnst du dich in langweiligen Unterrichtsstunden? Welche Farbe hatte das T-Shirt, das du an deinem ersten Schultag anhattest? Wann hast du dir vor Angst das letzte Mal in die Hosen gemacht? Welche Lieder haben deine Sommermonate begleitet? Was erzählst du niemandem? Das ist ein großer Teil dessen, wer du bist! Und oh! Es ist obergeil! Denn (lies es dir am besten laut vor): Du bist der einzige Mensch auf der Welt, der diese Gedanken, Erfahrungen, Probleme, Erkenntnisse hat!

Ich stell dir mal kurz eine Person vor, vielleicht kennst du so jemanden auch aus deinem Leben: Ein Kumpel von mir, er heißt Philipp, ist musikalisch mega begabt, singt und spielt seine Lieder, schart Menschen um sich mit seiner herzlichen, einladenden Art, hat ein offenes Ohr für jeden und teilt ebenso gerne mit, was ihm momentan auf dem Herzen liegt. Er erzählt irgendwie sehr weise, wie er mit Jesus sein Leben gestaltet. Ihm höre ich gerne zu wie einem großen Bruder, den ich mir immer gewünscht habe. Er inspiriert viele im Freundeskreis, von ihm kann man etwas lernen. Das wäre es, oder? Andere so erfrischen zu können mit meiner Musik und andere inspirieren zu können dadurch, dass ich über mein Leben mit Jesus rede – so wie Philipp!

Merkst du was? Alles an dem Satz war gut, bis auf den Schluss: „wie Philipp". Klar, er macht das toll. Aber nur, weil *er* es ist, der es tut! Weil er das tut, was *von ihm* kommt. Er ist authentisch. Er ist er selbst, deshalb inspiriert es. Was bringt es also, wenn ich so singe wie er, um Leute zu erreichen? Ihn gibt es schon und inspirieren werde ich damit keinen. Weil es nicht meins ist. Weil es nicht ich mit meiner Art bin ... Verstehst du? Weißt du, was ich besser kann als du? Ich sein! Das kannst du niemals so gut wie ich – haha! Das klingt jetzt vielleicht wie ein dummer T-Shirt-Spruch, aber: *Sei du selbst*, nicht jemand anderes, denn von denen gibt es schon so viele! Ich kann Leute mit *meiner* Stimme inspirieren und mit *meinen* Liedern. Ich glaube, dass Gott dich nicht ohne Grund so eigen gemacht hat! Jeder ist einzigartig. Deshalb gibt es eben auch leider kein Patentrezept, wie das Leben zu laufen hat. O.K., doch – eine Regel gibt es hier: Wieder steht sie in der Bibel, und zwar im Buch Lukas in Kapitel 10, Vers 27:

Du sollst den Herrn, deinen Gott, lieben von ganzem Herzen, mit ganzer Hingabe, mit all deiner Kraft und mit deinem ganzen Verstand. Und auch deinen Mitmenschen sollst du so lieben wie dich selbst.

Es ist so richtig schön individuell: Was für den einen richtig ist, scheint für den anderen lange nicht o.k. Was für den einen die mega Erleuchtung ist, ist für den anderen schon langweilig.

Deshalb: Lerne deine „special effects" lieben! Wahrscheinlich wirst du damit auffallen, auf Anerkennung stoßen oder Irritation ... denn du strahlst Sicherheit aus in dem, wie du bist. Das nennt sich Selbstsicherheit und Selbstbewusstsein! Die Welt braucht selbstbewusste Männer und selbstbewusste Frauen! Bist du dabei?

... und ich trage weiterhin Bermudas.

Bibelstelle:

Ordnet euch einander unter; so ehrt ihr Christus. (Epheser 5,21)

Tipp des Tages:

Achte mal darauf, wer du bist!

Über mich:

Mein Name ist Louisa Wachsmuth. Ich bin 24 Jahre alt und wohne mit meiner Tochter in Gießen. Dort bereite ich mich gerade auf mein Examen in Theologie und Englisch vor und bin gespannt, wo Gott mich nach dem Studium einsetzen will.
Meine E-Mail: louise-wachsmuth@gmx.de

Wo ist Gott?

Louise Wachsmuth

Jeden Abend, bevor meine fast dreijährige Tochter einschläft, bete ich mit ihr. Ich danke Gott für den Tag und bitte ihn, in der Nacht auf uns aufzupassen. Das kleine Gebet ist Teil unseres Rituals. An einem Abend aber hat meine Tochter sofort nach dem „Amen" die Augen aufgeschlagen, hat sich meinem Gesicht genähert und mich flüsternd, als würde sie mir ein Geheimnis verraten wollen, gefragt: „Mama – wo ist denn Gott?" Ich musste über ihre großen, dunklen, fragenden Augen schmunzeln, bevor ich ihr eine Antwort geben konnte: „Maus, Gott ist überall! Und gerade im Moment auch bei dir!" Erstaunt guckte sie sich um: „Aber, ich seh ihn gar nicht!?" Als ich ihr erkläre, dass sie Gott spüren kann und dass er immer bei ihr ist, schaute sie mich zwar noch ein wenig skeptisch an, sagte dann aber „Okay, das ist gut" und begann, ihre Spieluhr aufzuziehen.

Vielleicht geht es dir gerade genauso. Du blätterst durch das Buch, liest spannende Erfahrungsberichte von verschiedenen Menschen und fragst dich wie meine Tochter: *Wo ist Gott? Ich sehe ihn nicht, ich höre ihn nicht – und spüren kann ich ihn auch nicht!* Meine Tochter jedenfalls war einigermaßen zufrieden mit meiner Antwort. Du bist es aber vielleicht gar nicht. Wenn es dir so geht wie mir, hast du schon einiges über Gott gehört. Oder du denkst, dass du eine ungefähre Ahnung von Gott hast. Im Kindergottesdienst hast du von Jesus gehört, dem starken Held, dem Retter in der Not, und von Gott, seinem Vater, der alles in der Hand hat und die Liebe selbst ist. Spätestens in der Schule wirst du dann allerdings damit konfrontiert, dass Gott anscheinend an all den Katastrophen schuld sein soll, die in der Welt passieren. Und selbst wenn er nicht die Schuld hat – er tut nichts dagegen. Wo ist da Gottes Liebe? Gott rückt plötzlich in die Ferne und wird immer unnahbarer für dich. Ist er ein Konstrukt aus deiner Kindheit? Eine Idee, die sich Menschen ausgedacht haben? Schließlich passen die verschiedenen Bilder von Gott nicht mehr zusammen. Wenn man ihn nicht sehen kann, ihn nicht hören oder spüren kann, wer ist Gott dann überhaupt? Diese Frage, wer Gott ist, hat ein Mann vor ziemlich langer Zeit gestellt, als er nicht wusste, wen oder was er da vor sich hat. Er fragte in einen brennenden Busch hinein: *Wer bist du?* Und die Antwort, die er bekam, war: *„Ich bin, der ich bin."* Ob der Mann, der übrigens Mose heißt (seine Geschichte kannst du in der Bibel nachlesen) damals begreifen konnte, wer Gott ist? Es hat ihm jedenfalls genügt, dass er Gott vertraute, und er erlebte Unglaubliches mit ihm. Wäre es nicht großartig, Gott einmal so hören zu können? Oder fühlen zu können, dass er da ist? In meiner Teenagerzeit habe ich mich danach gesehnt, Zeichen von Gott zu bekommen. „Gott, wenn du willst, dass ich dies und jenes mache, dann zeige es mir doch bitte ganz deutlich!" Ich wollte merken, dass Gott da war. Ihn spüren und wissen, dass dieses wohlige Gefühl, das ich manchmal beim Singen im Gottesdienst hatte, wirklich von ihm kommt. Wenn es mir schlecht ging, sollte er mich wieder glücklich machen. Von vielen Seiten hörte ich, dass Gott genau das macht – glücklich! Gefühle können Gott aber nicht sichtbar machen. Gott ist nicht dafür da, um mir ein gutes Gefühl zu geben. Unsere Gefühle gehen manchmal so schnell, wie sie gekommen sind. Sollen wir uns wirklich auf sie verlassen? „Auch wenn unsere Gefühle kommen und gehen, Gottes Liebe tut es nicht", hat C. S. Lewis, ein berühmter christlicher Schriftsteller, einmal gesagt. Das ist eine Erkenntnis, die wirklichen Wert hat.

In den Worten, die Gott an Mose richtete, steckt ein ganz wunderbares Versprechen. „Ich bin, der ich bin" ist nur eine Version der ursprünglichen Aussage. Man kann diesen Satz auch mit „Ich werde sein, der ich sein werde" übersetzen. Gott macht uns ein Versprechen – dass er immer da sein wird. Jesus, der Sohn Gottes, hat seinen Jüngern gesagt: „Und siehe, ich bin bei euch alle Tage bis an der Welt Ende." Diesen Satz findest du im Matthäusevangelium, Kapitel 28, Vers 20. Hier erzählt Jesus seinen engsten Freunden, was er von ihnen möchte. Dabei macht er eins deutlich: Auch, wenn wir ihn nicht sehen können, wenn wir ihn nicht fühlen können, wenn wir ihn nicht hören können: Gott ist da. Das Gefühl, ihn zu spüren, geht vielleicht wieder weg. Aber die Gewissheit, dass er da ist, dürfen wir jeden Tag haben.

Bibelstelle:

Fürchte dich nicht, denn ich bin bei dir; hab keine Angst, denn ich bin dein Gott! Ich mache dich stark, ich helfe dir, mit meiner siegreichen Hand beschütze ich dich! (Jesaja 41,10)

Tipp des Tages:
Überleg doch mal, ob du in der Vergangenheit mal in einer Situation warst, die wirklich hätte in die Hose gehen können. Meinst du nicht, dass Gott da seine Finger im Spiel hatte, ohne dass du es bewusst wahrgenommen hast?

HEUTE ABEND IST MEL BROOKS MARATHON IM CAPITOL. HÄTTEST DU LUST MITZUKOMMEN?
KEINE ZEIT. BIN SCHON MIT RICO ZUM ESSEN VERABREDET.
BRRRRT
HM?
WER RUFT MICH DENN JETZT AN?
HALLO?
WIRKLICH?
DAS IST JA GIGANTISCH!
SELBST-VERSTÄND-LICH.
JA, BIS DANN.
SORRY RICO, ABER ICH MUSS DIR FÜR HEUTE ABEND LEIDER ABSAGEN.
MEIN PAPS WIRD AUS DEM GEFÄNGNIS ENTLASSEN.
IST DAS NICHT GRANDIOS?
LAN-PARTY!
W. DOLLE 2016

Über mich:

Mein Name ist Jennifer Christin Schneider. Ich liebe es, mit Gott in der Natur unterwegs zu sein. Seit ich für mich begriffen habe, dass ich für Gott keine Arbeit leisten muss, sondern einfach geliebt bin, bin ich ein fröhlicherer Mensch und gerne in Gemeinschaft mit anderen. Meine E-Mail: jennycs09@yahoo.de

Lieber Gott, ich wünsche mir …

Jennifer Christin Schneider

Es gibt unzählige Möglichkeiten, diesen Satz zu beenden: … ein neues Handy, einen festen Freund/eine feste Freundin, bessere Noten, dass der Opa gesund wird, einen Praktikumsplatz, ein Haustier, mehr Zeit, mehr Geld … Aber obwohl das alles tolle Sachen sind, lässt Gott sie nicht vom Himmel regnen. Bei mir zumindest nicht. Und ehrlich gesagt regt mich das manchmal auf. Hier ein Beispiel aus meiner Schulzeit: „Gott, hättest du nicht machen können, dass der Busfahrer auf mich wartet? Diesen kleinen Gefallen hättest du mir heute doch tun können, oder?" Hätte er schon, hat er trotzdem nicht gemacht. Und ich war damals etwas sauer. Es ging schließlich nur um eine Kleinigkeit.

Meine Eltern lieben es, meiner kleinen Schwester und mir Geschenke zu machen. Oft reichte es früher schon, anzudeuten, dass uns etwas gefiel, und wir bekamen es. Einfach so. Als ich kleiner war, fand ich das ziemlich cool. Noch cooler war es, wenn mein Vater mir etwas von seinen vielen beruflichen Reisen mitbrachte, weil es mir zeigte, dass er mich liebt und an mich denkt. Je älter ich wurde, desto mehr merkte ich aber, dass mir die Geschenke unwichtig wurden. Ich wünschte mir, dass mein

Vater zu Hause war. Dafür hätte ich auf jedes Mitbringsel verzichtet. Leider hatte er aber, selbst wenn er zu Hause war, nicht viel Zeit für mich. Aber die schönen Momente, die wir zusammen verbrachten, bedeuten mir bis heute sehr viel. Kein noch so großes Geschenk kann diese warmen Gefühle in mir wecken, wie die einfache Erinnerung an die Gute-Nacht-Geschichte über mein Lieblingskuscheltier, die mir mein Vater vor vielen Jahren erzählt hat ... Und ich weiß, dass es ihm ähnlich geht: Wenn ich ihn frage, was er sich von mir wünscht, nennt er nichts, was man kaufen kann, auch nicht, dass ich etwas für ihn tun oder wie ich mich verhalten soll – sondern er spricht von zwei Dingen: Einerseits wünscht er sich, dass ich zu Hause bin, aber vor allem wünscht er sich, dass es mir gut geht.

Meiner Meinung nach ist es mit Gott genauso: Es geht ihm nicht darum, unsere Wünsche zu erfüllen oder Ansprüche an uns zu haben. Er möchte Zeit mit uns verbringen (nur, dass er im Gegensatz zu meinem Vater immer Zeit für uns hat). Ich habe gemerkt, dass ich seltsamerweise gerade dann mehr Zeit mit Gott verbringe, wenn er meine Wünsche *nicht* erfüllt. Wenn mir z. B. der Bus vor der Nase wegfährt und ich viereinhalb Kilometer nach Hause laufe – da habe ich sehr viel Zeit, um nachzudenken und mit Gott zu reden ...

Manchmal bin ich immer noch sauer auf Gott und frage mich, warum Dinge nicht so laufen, wie ich es gerne hätte. Aber meistens ist es ganz gut, dass Gott nicht alle meine Wünsche erfüllt. Z. B. lehnte mich die Einrichtug, wo ich eigentlich mein FSJ machen wollte, ab. So kam ich an eine Stelle, von der ich mir nicht sicher war, ob ich überhaupt dorthin wollte. Doch das Jahr dort wurde dann zum besten Jahr meines Lebens! Manchmal passiert es mir auch, dass ich nach ein paar Wochen selbst merke, dass ich das, was ich mir gewünscht habe, gar nicht wirklich brauche und dass Gott mir etwas Besseres gegeben hat.

Gott macht so viele „Geschenke" – und die sehe ich am besten, wenn ich nicht immer nur aufzähle, was *ich* gerade gerne hätte. Deshalb sage ich ihm zwar, was ich mir wünsche, aber den Rest überlasse ich ihm und versuche, nicht enttäuscht zu sein, wenn er es nicht erfüllt. Schließlich ist Gott nicht mein Wunschautomat – sondern mein Super-Papa. Er hat immer Zeit für mich und freut sich auf mich. Das Wertvollste, was er gibt, sind nicht irgendwelche Wunscherfüllungen, sondern ganz viel Liebe.

Bibelstelle:

Freut euch Tag für Tag, dass ihr zum Herrn gehört. Und noch einmal will ich es sagen: Freut euch! Macht euch keine Sorgen! Ihr dürft Gott um alles bitten. Sagt ihm, was euch fehlt, und dankt ihm!
(Philipper 4,4+6)

Seht doch, wie groß die Liebe ist, die der Vater uns schenkt! Denn wir dürfen uns nicht nur seine Kinder nennen, sondern wir sind es wirklich.
(1. Johannes 3,1)

Tipp des Tages:

Sag Gott einfach mal „Danke" für all die Kleinigkeiten, die er dir schenkt.

Teil 2:

Wie ich zum Glauben gekommen bin

Über mich:

Ich heiße Justine Schlegelmilch, komme ursprünglich aus Halle an der Saale und studiere jetzt am Marburger Bibelseminar. Ich bin 23 Jahre jung. Ich liebe es, Sport zu treiben und mit anderen Menschen zusammen aktiv zu sein. Meine E-Mail: Justineschlegelmilch93@gmail.com

Das Projekt „Jesus näher kennenlernen"

Justine Schlegelmilch

Als ich 7 Jahre alt war, haben sich meine Eltern getrennt. Am Anfang war es noch keine große Herausforderung für mich, doch später hinterließ dies ein großes Loch. Meine Mutti hat einen neuen Freund kennengelernt, mit dem wir dann auch recht schnell zusammengezogen sind. Aufgrund der Trennung von meinem Vater, der zeitweise sehr viel Alkohol getrunken hatte, fehlte mir eigentlich nichts. Ganz im Gegenteil – ich war froh, nicht mehr so einen aggressiven und betrunkenen Vater zu haben. Der hatte nämlich oft, wenn mein zwei Jahre älterer Bruder wieder etwas schwierig gewesen war, seine ganze Wut über ihn an mir ausgelassen. Und ich konnte mich natürlich nicht wehren, denn mein Vater war viel stärker als ich und immer sehr einschüchternd und laut. Ein paar Jahre vergingen und die Beziehung zu meiner Mutter wurde schlimmer und schlimmer. Ich wollte in der Schule immer der Boss sein. Hab Mitschüler verprügelt, die nicht das taten, was ich wollte. Ich hatte so viel Wut und Aggressionen in mir. Dadurch, dass ich noch einen kleinen Bruder habe, der in ganz vielen Dingen immer bevorzugt wurde, blieb für mich zu Hause nicht viel übrig. So folgte mein Handeln der Logik, dass ich

Aufmerksamkeit auf andere Art und Weise bekommen wollte. Ich hab mir Freunde gesucht, mit denen ich mal ein Bierchen trinken konnte. Ich wollte Liebe und Zuneigung. Die Freunde gaben mir ein Stück weit ein Zuhause, in dem ich so sein konnte, wie ich wirklich bin – verletzbar und sensibel. Doch es blieb nicht immer nur bei Bier, sondern auch andere Spirituosen kamen dazu. Und aus der Gewohnheit, am Wochenende zu trinken, wurde langsam die Gewohnheit, auch in der Woche zu trinken, was mich immer mehr in eine Sucht trieb. Grob gesagt, ich war 15 Jahre und schon alkoholabhängig. Nur leider hatte ich mein Ziel (Aufmerksamkeit von meiner Mutti zu bekommen) immer noch nicht erreicht. Ich fiel tiefer und tiefer, doch meine Mutti hatte von alldem keine Ahnung, sie schien es nicht mitzubekommen. Ich ritzte mich regelmäßig und trank nebenher viel Alkohol. So sah mein Alltag aus. Ich schwänzte die Schule. Meine Lehrer und Mitschüler merkten schließlich, dass etwas mit mir nicht stimmt. Ich war sehr verhaltensauffällig und blockte immer ab, wenn ich gefragt wurde, was denn los sei. Bis meine Lehrerin beschloss, mit meiner Mutti über die ganze Sache zu reden. Gesagt, getan. Meine Lehrerin machte ihr den Vorschlag, dass ich an einem Musical-Projekt teilnehmen sollte. Also ging ich ganz brav jeden Freitagnachmittag zum Musical, und da ich musikalisch bin, machte es mir riesigen Spaß. In dem Musical ging es darum, wie Jesus geboren wurde, und um die anderen Ereignisse rund um seine Geburt. Dies führten wir in einer Kirche auf und luden alle unsere Verwanden und Bekannten ein. Drei Wochen nach der Aufführung, an einem Sonntag, war ich dann wieder einmal mit meinen Freunden unterwegs. Wir tranken genug Alkohol, um nicht mehr klar denken zu können.

Irgendwann mussten wir sehr dringend auf Toilette, und da es gerade Sonntag war und keine Geschäfte offen hatten, konnten wir nirgendwo hingehen. Da erinnerte ich mich an meine Aufführung und daran, dass es in dem Gemeindehaus eine Toilette gab.

Also steuerten wir sofort ohne Umwege darauf zu. Als wir schließlich die Toilette wieder verlassen wollten, stand eine Frau da, die uns direkt ansprach und wissen wollte, was wir hier täten, woher wir kämen und wer wir seien. Sie lud uns dann ein, mit in den Gottesdienst zu kommen, der nebenan schon in vollem Gange war. Meine Freundin und mich interessierte es sehr, darum gingen wir mit und waren gespannt. Der Rest der Clique wartete draußen. Wir kamen mitten hinein in die Lobpreiszeit, die mich total berührte. Ich war nicht mehr ich selbst, das ist irgendwie komisch zu beschreiben. Als die Gemeinde aufhörte zu singen, fing die Predigt an. Die interessierte mich aber absolut nicht, also gingen wir wieder raus. Die Musik hatte mich schon sehr beschäftigt, aber ich ließ mir nichts anmerken. Wir zogen weiter um die Häuser.

Drei Wochen später besuchten wir den Gottesdienst erneut, um die sympathische Frau wiederzusehen. Sie lud uns diesmal noch zum Eis-Essen ein. Das konnten wir natürlich nicht ablehnen und trafen uns eine Woche später mit ihr und aßen Eis. Aus einem Treffen wurden dann vier, fünf, sechs Treffen und irgendwann war es so weit, dass sie anfing, unser Leben zu begleiten. Im Sommer stand ein christliches Jugendcamp an, wohin sie meine Freundin und mich einlud. Ich wollte das Angebot gerne annehmen, aber leider war meine Mutti total dagegen, also nahm ich als Tagesgast teil. Ich bin oft tagsüber dort gewesen und hatte meinen Spaß, bis eines Abends ein Gebetsabend stattfand. Die Frau ermutigte mich, ein Gebet zu sprechen. Darin ging es darum, mein Leben Jesus zu geben. Doch dieses Gebet kam leider nicht aus meinem Herzen heraus, also lebte ich mein Leben einfach genauso weiter wie bisher.

Irgendwann aber nahm ich Kontakt zum CVJM auf und besuchte dort den Mädchen- und Teenkreis. Regelmäßig traf ich mich mit einer Sozialarbeiterin aus dem CVJM, um mit ihr meine Probleme zu besprechen und nach möglichen Lösungen zu suchen. Von da an begann mein Leben eine neue Richtung zu nehmen. Die Sozialarbeiterin betete nach jedem Gespräch für mich, fragte mich aber vorher um Erlaubnis. Ich gab sie ihr gern und wurde durch ihre Gebete bestärkt, die neue Richtung beizubehalten. Neben dem CVJM besuchte ich auch regelmäßig die Jugendgruppe der Gemeinde, in der mich zuvor die nette Frau angesprochen hatte. Ich war viel in christlichen Kreisen unterwegs und besuchte, sooft ich konnte, sonntags den Gottesdienst, da die Leute dort ein Herz für mich hatten und ich dies spüren konnte. Ein Jahr später fand erneut eine Sommerfreizeit statt, an der ich teilnahm. Ich liebte die Gemeinschaft mit den anderen. Ich fühlte mich völlig anders. In mir konnte ich Freude spüren und der Alkohol oder das Ritzen standen nicht mehr im Vordergrund. Ich wollte diesem neuen Gefühl nachgehen, das mich total veränderte. Während der Freizeit stand auch wieder dieser Gebetsabend auf dem Plan und ich war dabei! Und da machte ich es fest, ich wollte es wissen, ich entschied mich, mit diesem Jesus zu gehen.

Mein Leben änderte sich schlagartig, ich ließ meine alten Freunde zurück und startete ein neues Projekt. Dieses Projekt hieß „Jesus näher kennenlernen". Die Sozialarbeiterin aus dem CVJM half mir in allen Situationen, unter anderem mit meinem Alkoholproblem. Wir gingen gemeinsam zu einer Sucht-Beratung. Am Abschluss dieser Aktion beteten wir wieder zusammen. Kaum zu glauben, aber wahr – als ich eine Woche darauf auf Klassenfahrt fuhr, war dieses Verlangen, diese Sucht weg: Ich war ein freier Mensch. Es fühlte sich klasse an! Auch das Verhältnis zu meiner Mutti wurde besser. Es war Jesus, der mich zu einem völlig neuen Menschen gemacht hatte. Als ich dann ein Freiwilliges Soziales Jahr anfing, um meinen neuen Freund Jesus noch besser kennenzulernen, und durch Deutschland tourte, wurde meine Mutter schwer krank. Das Jahr neigte sich dem Ende zu und meiner Mutter ging es immer schlechter. Bis sie dann irgendwann im Krankenhaus lag. Der Arzt erklärte mir unvermittelt, dass sie sich im Endstadium ihrer Krankheit befände. Es sei quasi nur noch eine Frage der Zeit. Im Januar wurde sie dann ins Sterbehospiz verlegt. Eine Nachbarin aus unserem Haus kam vorbei, um meine Mutti zu besuchen. Sie erzählte ihre Geschichte und wie sie Gott kennengelernt hatte. Meine Mutti hörte aufmerksam zu und am Ende sagte sie: „Ich will diesen Gott auch endlich kennenlernen!" Also sprachen wir noch ein Übergabegebet an Jesus. Für mich war es ein Zeichen, dass ich sie jetzt zuversichtlich gehen lassen konnte, denn dort, wo sie hinging, war sie sicher.

Dennoch frage ich mich heute immer wieder, warum sie nicht mehr da ist und mich nicht mehr unterstützen kann. Aber ich weiß, dass Gott einen Plan mit dem hat, was geschehen ist.

Bibelstelle:

Sei mutig und entschlossen, lass dich nicht einschüchtern und hab keine Angst! Denn ich, der Herr, bin bei dir, wohin du auch gehst. (Josua 1,9)

Tipp des Tages:

Ich beginne jeden Morgen damit, dass ich ein christliches Lied höre und mir danach folgenden Vers laut vorlese: *Ein Schmuckstück wirst du sein, das der Herr in seiner Hand hält wie ein König seine Krone.* (Jesaja 62,3)

Dann spreche ich noch ein Gebet und starte in den neuen Tag. Probier das oder etwas Ähnliches einmal aus – es bereichert den Tag enorm!

Über mich:

Ich heiße Michelle Mackels, bin 22 Jahre alt, verheiratet und lebe in Solingen. Zurzeit mache ich mein Anerkennungsjahr als Erzieherin in einem Kinderheim. Meine Ausbildung habe ich am Marburger Bildungs- und Studienzentrum gemacht. Meine E-Mail: mackels.michelle@gmx.de

Gott lässt nicht locker

Michelle Mackels

Ich komme ursprünglich aus Ost-Belgien, an dem die lutherische Reformation so gut wie vorbeigegangen ist. Dennoch gibt es in Ost-Belgien zwei kleine, freie evangelische Gemeinden. Ich bin in einem christlichen Elternhaus aufgewachsen und wir gingen in eine dieser zwei Gemeinden. Das Leben als Christ in einer Gegend, die sehr katholisch, aber auch atheistisch geprägt ist, gestaltet sich nicht immer leicht. In meiner Gemeinde, FEG Eupen, gab es außer meinen Geschwistern keine Kinder, die in unserem Alter waren, was den Sonntagsgottesdienstbesuch nicht gerade sehr reizvoll gemacht hat. Zur Jungschar sind wir dann in die andere Gemeinde, FEG St. Vith, gegangen. Beide Gemeinden liegen etwa 30 km von meinem alten Wohnort entfernt.

Durch die FEG St. Vith bin ich auf das Wiedenester „SOLA" gekommen – ein christliches Abenteuer-Zeltlager für Kids und Teens. Während einer Woche jährlich habe ich Gott immer wieder aufs Neue kennen und lieben gelernt. Ich habe Gott nie so intensiv erlebt wie auf diesen Freizeiten. So viele Wunder habe ich erfahren, die so unfassbar waren, dass mich diese Eindrücke durch das ganze Jahr begleitet haben und ich Gott nie ganz aus den Augen verlor. Doch eine richtige Nachfolgerin Jesu war ich nur während dieser einen Woche. Zu Hause angekommen, fiel es mir jedes Jahr immer schwerer, als Christ zu leben. Zum einen fühlte ich mich in meiner Ursprungsgemeinde nicht mehr wohl. Ich wollte Gemeinschaft mit Christen in meinem Alter haben. Zum anderen gab es in meiner Jugendgruppe immer mehr Probleme mit den Jugendreferenten. Die Gruppe begann sich aufzulösen, sodass von meiner „christlichen Clique" kaum noch jemand übrig blieb. Ich wollte nicht mehr in die Jugendgruppe gehen, fühlte mich einsam und unwohl. Stattdessen ging ich lieber feiern. Ich begann, jedes Wochenende mit Freunden irgendwohin zu gehen, und trank viel zu viel. Ich hatte eine Sehnsucht nach Liebe und Anerkennung, sodass ich beim Feiern die meiste Zeit bei verschiedenen Jungs war, die mir Aufmerksamkeit schenkten. Mein Abiturjahr war dann der Höhepunkt dieser Entwicklung. Ich war kaum noch ein Wochenende zu Hause. Entweder war ich arbeiten oder feiern. Zum Gottesdienst ging ich nur noch sehr selten und dann auch nur, weil mein Vater immer wieder darauf bestand. Inzwischen war ich seit 2008 sogar Mitarbeiterin auf dem „SOLA" geworden. Ich erzählte den Kids dort so viele Sachen, an die ich mich selbst nie gehalten hatte, und irgendwie schockierte mich das immer wieder aufs Neue. Auch zur Wiedenester „PFIJUKO" (Pfingstjugendkonferenz) fuhr ich seit 5 Jahren. Dort ging ich eigentlich nur hin, um Gemeinschaft mit anderen Christen zu erleben und zu genießen. Auch im Jahr 2012 fuhr ich zur PFIJUKO. Meine Abiturprüfungen standen vor der Tür und ich wusste genau, was ich danach machen wollte. Ich wollte in Belgien bleiben, dort studieren, irgendwann heiraten, ein Haus bauen und eine Familie planen. Das war meine Zukunftsvision, auf die ich mich freute. Ich fragte zwar auch Gott immer wieder nach *seinem* Plan für mein Leben, glaubte aber nie richtig, dass er mir den auch wirklich zeigen würde.

Die Pfingstjugendkonferenz dauerte drei Tage, doch ab dem zweiten Tag konnte ich mich nicht mehr konzentrieren. Mir kam immer wieder der Gedanke, dass ich jetzt nicht einfach studieren gehen kann. Ich merkte, dass Gott etwas mit mir vorhat. Ich hatte zunehmend den Eindruck, dass ich ein *Jahr für Gott* leben sollte. Dass ich mich alleine auf ihn konzentrieren sollte, um seine Größe, Herrlichkeit und Liebe zu erkennen. Am Ende der Jugendkonferenz war mir klar, dass ich erst einmal nicht studieren gehen konnte. Das zu akzeptieren fiel mir sehr schwer. Mein ganzes Leben brach in sich zusammen. Alles, was ich geplant hatte, würde nicht so geschehen und das war mir bewusst. Trotzdem merkte ich, dass es die richtige Entscheidung wäre. Ich hatte auf der Konferenz sehr viele gute Gespräche deswegen, weinte viele Tränen und fuhr dann mit einem festen Entschluss nach Hause. Doch dort konnte mich keiner verstehen. Dennoch hielt ich mich an meinen Entschluss und begann, nach FSJ-Stellen zu suchen. Gott schenkte mir einen Platz in Magdeburg, wo ich mit Kindern und Jugendlichen aus sozial schwachem Umfeld arbeiten konnte. Ich hatte mich nun zwar für ein Leben mit Gott entschieden, mein Umfeld blieb jedoch noch das Gleiche, bis ich auszog. So kam es, dass meine letzten drei Monate in Belgien die schlimmsten wurden. Ich trank übertrieben viel, suchte noch mehr Anerkennung und Liebe bei verschiedenen Jungs und bei jedem weiteren Absturz wurde mir mehr und mehr bewusst, dass ich von dort wegmuss, um ein neues Leben beginnen zu können.

Mittlerweile lebe ich seit dreieinhalb Jahren in Deutschland. In meinem ersten Jahr alleine in Magdeburg wurde mir mehr und mehr bewusst, was in den letzten Jahren alles schiefgelaufen war. Mir wurde klar, dass ich ziemlich viele Menschen verletzt habe, besonders meine Familie. Es war nicht alles richtig, was ich getan habe, aber es hat mich zu dem gemacht, was ich jetzt bin. Ich darf Gott sei Dank das Positive daraus ziehen und anderen Menschen in derselben Lebenslage helfen.

Seit zweieinhalb Jahren lebe ich nun in Marburg und mache eine Ausbildung als Erzieherin und Jugendreferentin am Marburger Bildungs- und Studienzentrum. Ich bin davon überzeugt, dass Gott mich hier haben möchte, auch wenn ich zwischendurch oft daran gezweifelt habe. Das Leben hier ist nicht einfach. Ich habe oft Heimweh und vermisse unsere Kultur und Traditionen. In den letzten Jahren habe ich mich sehr viel mit mir selbst auseinandergesetzt und durfte viel lernen. Ich bin immer mal wieder in alte Muster zurückgefallen und nach wie vor habe ich eine tiefe Sehnsucht nach Liebe. Gott hat mir einen wunderbaren Mann an meine Seite gestellt. Jedoch ist mir heute bewusst, dass kein Mann auf der Welt die komplette Sehnsucht nach Liebe stillen kann. Das kann nur Gott.

Am meisten ist mir klar geworden, dass Gott nicht locker lässt. Er ruft so lange, bis du seinem Ruf folgst, auch wenn es zehn, zwanzig oder dreißig Jahre dauert. Er liebt dich und kann dein Herz mit seiner Liebe überfließen lassen. Gott will dich neu machen. Er will das, was du erlebt hast, gebrauchen und zu etwas Gutem werden lassen.

Fetten Segenregen dir!

Bibelstelle:

Aber alle, die ihre Hoffnung auf den Herrn setzen, bekommen neue Kraft. Sie sind wie Adler, denen mächtige Schwingen wachsen. Sie gehen und werden nicht müde, sie laufen und sind nicht erschöpft. (Jesaja 40,31)

Tipp des Tages:

Das Leben ist nicht einfach, aber du bist dafür verantwortlich, das Beste daraus zu machen.

Über mich:

Ich bin Arno Roscher, gelernter Anlagenmechaniker für Sanitär-, Heizungs- und Klimatechnik. Zurzeit in Ausbildung am mbs-Bibelseminar in Marburg. Zu meinen Hobbys gehören Schwimmen, Klettern, Feriencamps, Tontechnik und alles, was mit Outdoor-Aktivitäten zu tun hat. Neben meinen Hobbys hat sich eine Projektarbeit entwickelt, mit der ich einen erlebnispädagogischen Ansatz verfolge. Meine Heimatgemeinde ist „Stadtlicht – Kirche für Zwickau". Meine E-Mail: buch.outdoko@gmail.com

Gott ErLebt

Arno Roscher

Diesen Beitrag schreibe ich für dich, der du gerade dieses Buch in der Hand hast. Ich kenne dich nicht, weiß nicht, was du gerne machst oder wie es dir geht. Ich weiß nur, dass du gerade diese Zeilen liest. Ich möchte dir hier ein bisschen von mir erzählen – wie ich zum Glauben gekommen bin, was ich mit Gott verbinde und was ich mit ihm schon so erlebt habe. Diese Zeilen sind allerdings nur ein kleiner Ausschnitt aus meinem Leben, denn wenn ich alles erzählen würde, würden die Seiten hier nicht ausreichen.

Zuerst möchte ich mich kurz vorstellen, damit du weißt, wer ich bin. Mein Name ist Arno Roscher und man könnte mich als kreativen Chaoten bezeichnen, da ich viele verrückte Ideen habe und versuche, diese umzusetzen. Zu meinen Hobbys zählen Schwimmen, Klettern, Feriencamps, Tontechnik und alles, was mit Outdoor-Aktivitäten zu tun hat. Zurzeit mache ich eine Ausbildung zum Gemeindepädagogen und Erzieher. Aufgewachsen bin ich in einem christlichen Elternhaus. Dadurch kannte ich schon sehr früh die Geschichten der Kinderbibel auswendig. Aber irgendwie war ich trotzdem nur ein Mitläufer. Die Entscheidung für Jesus kann niemand anderes für einen treffen, das muss man selbst tun. Denn diese Entscheidung kann und wird dein Leben über kurz oder lang verändern.

Als Kind war ich dann auch auf einigen christlichen Freizeiten, bei denen ich immer wieder von der Botschaft des Evangeliums hörte. Ich weiß nicht, ob du auch manchmal das Gefühl hast, immer vom Evangelium zu hören, aber irgendwie verändert sich in deinem Leben nichts durch das, was du da liest bzw. hörst ...? Also, man liest und hört etwas, aber man nimmt davon nichts für sich persönlich mit. Vielleicht denkst du, dass es nichts bringt, immer wieder Gottes Wort zu hören. Aber: Es ist nicht umsonst – denn irgendwann in deinem Leben kommen Situationen, in denen du dich tatsächlich wieder an diese Worte erinnerst.

Mit 12 Jahren habe ich mich für Jesus entschieden. Der Anlass dazu war eine evangelistische Predigt bei der „Herzenssache", einer Evangelisationsveranstaltung in meinem Nachbarort. Danach ging mein Leben weiter seinen gewohnten Gang, nur dass ich nun mit Jesus lebte. Das heißt aber nicht, dass ab jetzt nur noch alles gut ging. Es gab Zeiten, in denen ich mich Gott näher gefühlt habe, und Zeiten, in denen ich mich fern von ihm fühlte. Dabei waren die Höhepunkte meines Lebens mit Gott meistens durch christliche Veranstaltungen geprägt – wie zum Beispiel „Pro Christ", „Herzenssache", Feriencamps und anderes.

Im Sommer 2011 nahm ich mit meinem Bruder an einer Outdoor-Bibelschule (OBS) in Hartenstein teil. Bei dieser OBS hatte ich an einem Abend viele Fragen zu dem Thema Abendmahl und ich sprach einige Zeit mit dem Leiter der OBS darüber. Dabei sind wir auf das Thema Taufe gekommen und mir wurde klar, dass die Bekehrung, also die Hinwendung zu Jesus, und die Taufe zusammengehören. Vorher konnte ich mit der Taufe nicht so viel anfangen. Ich wusste nicht, warum man sich überhaupt taufen lassen sollte. Im Neuen Testament wird erzählt, dass die

Menschen gleich nach ihrer Bekehrung zu Jesus getauft wurden. Man musste Gott also nicht erst etwas beweisen, sondern Bekehrung und Taufe gehörten unmittelbar zusammen. Die Taufe ist der für alle sichtbare Teil der Bekehrung. So wurde ich nach einigen weiteren Gesprächen mit unserem Pastor Ende 2011 getauft.

Das Jahr 2011 war auch sonst durch einige Veränderungen geprägt. Ich habe meine Schule beendet und mit einer Ausbildung angefangen. Doch weiterhin blieb mein geistliches Leben durchwachsen. Damit meine ich, dass es Höhen und Tiefen in meiner Beziehung zu Gott gab. Zu den Höhen gehörten Gottes Führung bei der Berufswahl und meine Zeiten beim SOLA (Sommerlager) oder der OBS. Wie muss man sich das mit Gottes „Führung" vorstellen? Ich habe seine Führung so erlebt, dass er mir Freude an der Arbeit in meinem Beruf geschenkt hat. Vielleicht noch ein aktuelleres Beispiel: Anfang letzten Jahres kam die Frage auf, was ich mit meiner Tontechnikanlage machen sollte, da ich diese ja nicht auf der Bibelschule brauchen würde. Mir kam der Gedanke, jemanden zu fragen, der gerade ein Gemeindegründungsprojekt gestartet hatte. Diese Idee ging jedoch zunächst wieder bei mir unter, aber dann traf ich die Person im Sommer auf der OBS und konnte sie fragen. Sie war begeistert und meinte, dass sie sich gerade erst im Musikhaus ein Angebot für eine Anlage eingeholt hatten. Da dachte ich: Gott plant wirklich großartig! Zudem hat mir Gott noch eine Lagermöglichkeit für andere meiner Projektmaterialien während der Bibelschulzeit geschenkt.

Zu den Tiefen in meinem Leben gehören die Zeiten, in denen ich Gott vergessen habe bzw. in denen er nur eine geringe Rolle in meinem Leben spielte, weil ich einfach zu sehr mit mir selbst beschäftigt war. So hatte ich z. B. den Wunsch, Kinder und Jugendliche positiv zu prägen, aber ich wusste nicht wie. Deshalb schlummerte der Wunsch erst einmal weiter in mir, ohne dass er konkrete Formen annahm, obwohl ich gerne eine neue eigene Kinder- und Jugendarbeit aufgebaut hätte. Dann, eines Morgens, fragte mich Gott, ob ich auch bereit wäre, in eine schon bestehende Arbeit mit einzusteigen. Hat Gott schon einmal mit dir direkt geredet? In meinem Fall habe ich tatsächlich auch akustisch eine Stimme gehört. Danach allerdings hörte ich Gottes Stimme meistens als einen konkreten Gedanken, bei dem ich die Gewissheit hatte, dass er von Gott stammt.

Es war zunächst nicht leicht für mich, meine eigenen Pläne aufzugeben. Doch schließlich konnte ich mich auf Gott einlassen und ihm meine Zukunftsplanungen hinlegen. Zu der Zeit las ich gerade das Buch „Schöpfer der Träume" von Bruce Wilkinson. Dort war eine ähnliche Situation beschrieben, wie ich sie gerade erlebte. Eine Person sollte Gott ihren Lebensplan abgeben, bekam ihn danach aber von Gott neu geschenkt. Nun wusste die Person mit Sicherheit, dass das der Plan Gottes für ihr Leben war. Inspiriert durch das Buch habe ich es der dort beschriebenen Person nachgemacht, indem ich meinen Plan und meine Ideen Gott abgegeben habe. Und ich war gespannt, was Gott daraus machen würde. Jedoch ist es sinnvoll, auch gute biblische Kenntnisse darüber zu haben, wie Gott Menschen führt. Darin bestätigten mich auch einige Leute, mit denen ich über meine Träume gesprochen habe. Nach und nach entstand dann in mir der Wunsch, dass ich nach Abschluss meiner Ausbildung eine Bibelschule besuchen möchte.

Nebenher konnte ich eine eigene Projektarbeit entwickeln. Diese bietet verschiedene Aktionen für Kinder und Jugendgruppen an, wie zum Beispiel das Bauen eines Floßes, einer Seilbahn, einer Riesenschaukel oder eines Iglus. Auch Aktivitäten wie Kistenstapeln und Kochen auf dem offenen Feuer gehören dazu. Mit diesen Projekten verfolge ich einen erlebnispädagogischen

Ansatz: Durch einen Input verknüpfe ich geistliche Wahrheiten mit dem Erlebten. So bleiben sie tiefgreifender und langfristiger in Erinnerung. Schließlich übernahm ich Anfang 2014 die Leitung der Jugendgruppe in meiner Gemeinde, weil mir Kinder und Jugendliche am Herzen liegen.

Wenn ich so auf mein bisheriges Leben zurückschaue, stelle ich immer wieder fest, dass es doch viele Situationen gab, in denen ich im Nachhinein Gottes Führung erkenne. Vielleicht denkst du dir jetzt, dass ich ja doch eine ganze Menge mit Gott erlebt habe. Das habe ich früher auch immer von anderen gedacht: *Die Leute können so viel erzählen, wie sie Gott in ihrem Leben erfahren haben!* Bis ich feststellte, dass ich selbst erst einmal *bereit sein* muss, Gott zu begegnen und ihn zu erleben. Und dann habe ich gemerkt, dass auch ich Gott erfahren kann. So hat Gott mich zum Beispiel immer wieder im Straßenverkehr und auf der Baustelle vor Unfällen bewahrt.

Vielleicht hast du ein paar Parallelen zu deinem Leben entdeckt, vielleicht bist du ins Nachdenken gekommen. Ich wünsche dir auf jeden Fall Gottes reichen Segen und dass du Gott und seinen Plan für dich erkennst. Und natürlich wünsche ich dir, dass du dich auf das Abenteuer mit Gott einlassen kannst.

Bibelstelle:

Ihr seid Gottes geliebte Kinder, daher sollt ihr in allem seinem Vorbild folgen. Geht liebevoll miteinander um, so wie auch Christus euch seine Liebe erwiesen hat. Aus Liebe hat er sein Leben für uns gegeben. Und Gott hat dieses Opfer angenommen. Nehmt euch daher Gott selbst zum Vorbild; ihr seid doch seine geliebten Kinder!
(Epheser 5,1-2)

Tipp des Tages:
Lebe dein Leben, aber lebe es mit Gott.

Teil 3:

Wie Glaube funktioniert

Die Wahrheit wird euch frei machen

Fossi Bäumer

„Ihr werdet die Wahrheit erkennen und die Wahrheit wird euch frei machen.“ (Joh. 8,32) Wie cool ist das denn: Frei sein! Ungebunden, ohne Fesseln, durchatmen können. Lügen haben keine Macht mehr über mich. Jesus sagt, dass die Wahrheit mich frei machen wird. Zum einen bedeutet das, dass ich zunächst einmal unfrei bin, sonst müsste niemand herkommen und mich befreien. Was sind *deine* Fesseln, Bindungen oder Lebenslügen, die dich unfrei machen? Zum anderen bedeutet das: wenn die gute Wahrheit von Jesus, wenn Jesus mit seiner guten Wahrheit in mein Leben hineinkommt, dann kommt auch Freiheit in mein Leben.

Ein konkretes Beispiel, wie ich diese Freiheit von Jesus in meinem Leben erfahre: Ich bin oft abhängig von der Meinung anderer Menschen. Ich versuche oft, cool zu sein, oder glaube, dass ich bestimmte Sachen tun oder besitzen muss, um von den anderen Menschen gemocht zu werden. Die Wahrheit von Jesus in diesem Bereich meines Lebens lautet: *Du bist Gottes geliebtes Kind!* Das ist die Wahrheit, die über meinem Leben geschrieben steht, und diese Wahrheit macht mich frei. Natürlich meint der Satz von Jesus noch viel mehr, aber das meint er eben auch. Denn jetzt muss ich mich nicht mehr mit anderen vergleichen oder mich schweißgebadet darum bemühen, cool zu sein oder die richtigen Sachen zu tun oder zu besitzen. Das ist echte Freiheit, die mir niemand auf der ganzen Welt wegnehmen kann, weil sie gar nicht von dieser Welt kommt, sondern aus der Welt Gottes.

Cool zu sein oder angesagt zu sein, das ist kein Pokal, den ich einmal gewonnen habe und mir dann ins Regal stellen kann. Cool zu sein oder angesagt zu sein, das muss ich mir jeden Tag wieder neu verdienen oder anderen beweisen. Das ist ein ewiger Kampf, der nie endet. Dauernd schwebt die drohende Möglichkeit über mir, dass es mal nicht klappt. Und dann ist alles dahin. Dann kann ich wieder von vorne anfangen. Das ist wie bei Sisyphos, einem Kerl aus einer griechischen Sage. Der hatte die Götter beleidigt und die haben sich eine höllische Strafe für ihn ausgedacht: Der arme Kerl musste einen schweren Stein einen Berg hochwuchten, und wenn er endlich oben war, rollte der Stein automatisch wieder runter ins Tal. Dann ging alles von vorne los. Echt mal ultra Hölle! Genauso habe ich mich aber oft gefühlt. Da gehst du jeden Tag in die Schule oder was weiß ich wohin und musst jeden Tag wieder neu cool sein und beweisen, dass du's draufhast. Es gibt kein Zurücklehnen, kein Ausruhen, keinen Pokal im Regal. Keinen gemütlichen Sessel, in den du dich fallen lassen kannst und dir sagst: So, das war's! Jetzt bin ich ein für alle Mal cool, angesehen und gemocht.

Aber genau das kann ich bei Jesus erleben: Ich mache es mir in einem bequemen Sessel gemütlich und höre diese himmlische Wahrheit: *Du bist Gottes geliebtes Kind!* Diese Wahrheit wird mich frei machen von dieser ewigen Sisyphos-Schufterei, von dem ewigen Beweisenmüssen, dass ich cool und angesagt bin. Und weil diese Wahrheit nicht von der Welt und nicht von Menschen stammt, kann sie mir die Welt nicht sagen. Auch die Menschen können sie mir nicht sagen. Das kann ich nur bei Jesus hören: *Diese Wahrheit wird dich frei machen!* Und weil diese Wahrheit nicht von der Welt und nicht von den Menschen kommt, kann die Welt sie mir auch nicht wieder wegnehmen. Sie hat nicht die Macht dazu. Und kein Mensch kann mir diese Wahrheit wieder wegnehmen, weil es keine menschliche Wahrheit ist, sondern die Wahrheit des Himmels. Das ist ultra nice!

Wenn also jemand zu mir hergestiefelt kommt und mir sagt: *Hey, du hast aber eine hässliche Nase*, dann sag ich: *Ich bin der Geliebte Gottes.* Und wenn jemand anderes sich vor mich hinstellt und sagt: *Hey, ich kann aber viel schneller laufen als du*, dann sag ich: *Ich bin der Geliebte Gottes.* Und wenn mir jemand sein ultracooles neues Handy mit Atomantrieb vors Gesicht hängt, dann sag ich: *Ich bin der Geliebte Gottes.* Und wenn sich jemand vor mich hinbeamt und protzt: *Unser Haus hat eine Kegelbahn im Keller*, dann sag ich: *Ich bin der Geliebte Gottes.* Das ist für mich so eine Art leuchtender Energie-Schutzschirm wie in den Science-Fiction-Filmen, die man so kennt. Und an diesem Energie-Schutzschirm prallen all diese Sätze einfach ab. Denn dieses Schutzfeld um mich herum bezieht seine Energie nicht von mir oder von der Welt, sondern die Energie kommt von Gott. Und der, liebe Freunde, ist voll die ultra Power-Mega-Energie! Unerschöpflich, unauspowerbar, unkaputtbar! Aber probier's selber mal aus. Ich kann dir ja viel erzählen. Probier's aus! Geh mal einen Tag mit diesem fetten Energieschild aus Gottesliebe in die Schule und teste selbst, was dann passiert. Und dann schau abends im Bett auf deinen Tag zurück und vergleiche den Tag mit irgendeinem anderen aus deinem Leben, an dem du nicht umgeben warst von diesem Energiefeld.

Ich bin frei, wenn die Wahrheit von Jesus über meinem Leben geschrieben steht. Ich muss mich nicht mehr vergleichen, ich muss nicht mehr todneidisch sein, ich muss mich nicht runtermachen lassen. Ich muss überhaupt nichts mehr tun oder mir antun lassen, was nicht gut ist für mich. Die Wahrheit von Jesus, dass ich der Geliebte Gottes bin, macht mich frei, wirklich frei. Und diese Freiheit ist nicht bloß so ein nettes Wort, das es gibt, damit die Andachtsschreiberlinge und frommen Wortverkünder auch was zu quasseln haben, nein, diese Freiheit von Jesus kann ich ganz praktisch erleben. Und das ist ultra! Probier's selber aus und lass die Wahrheit von Jesus dein Leben frei machen!

Bibelstelle:

Ihr werdet die Wahrheit erkennen, und die Wahrheit wird euch frei machen. (Johannes 8,32)

Tipp des Tages:

Stell dir morgens, bevor du das Haus verlässt, vor, auf der Innenseite deiner Stirn wäre mit großen Leuchtbuchstaben geschrieben: *Du bist der Geliebte Gottes. Du bist die Geliebte Gottes.* Und dann schau mal, wie dein Tag so verläuft.

SELBSTZWEIFEL KÖNNEN MANCHMAL ECHT NIEDER-SCHMETTERND SEIN. DA HILFT NUR...

Über mich:

Ich heiße Evi Heuschneider. Momentan bin ich Studierende am Marburger Bibelseminar. Ich liebe es, durch Marburg zu laufen, gute Musik zu hören oder Kaffee zu trinken. Gott bin ich in meinem Leben schon auf ganz unterschiedlichen Wegen begegnet und das finde ich in meinem Glaubensleben das Spannenste. Kontakt: www.facebook.com/evi.heuschneider

Der kreative Gott – wie kann ich ihm begegnen?

Evi Heuschneider

Mit ausgebreiteten Armen liege ich auf dem Boden meines WG-Zimmers. Ich habe meine Augen geschlossen, während ich meinen Lieblingssong in voller Lautstärke höre. Mein Herz schlägt mir bis zum Hals und in diesem Moment kann ich Gott ganz deutlich spüren. Ich bin dankbar dafür, dass er der Schöpfer dieser Welt ist, und besonders, dass Kunst seine Idee war. Und das passiert mir mittlerweile nicht nur beim Hören meines Lieblingssongs, sondern auch in anderen Situationen.

Als Jugendliche fiel es mir oft schwer, regelmäßig in der Bibel zu lesen oder bei den Liedern im Gottesdienst mit Freude mitzusingen. Viel zu oft konnte ich nicht verstehen, was sie zu sagen hatten, und ebenso oft berührten sie mich nicht. Die Folge davon waren ein furchtbar schlechtes Gewissen und die Angst, kein guter Christ zu sein. Jahrelang lief ich mit diesem schlechten Gefühl durch mein Leben. Heute weiß ich, dass ich damit komplett falschlag. Eine Erfahrung, die mir zeigte, was mein eigentliches Problem war, hatte ich vor einem Jahr. Für einen Theologiekurs meiner Ausbildung sollten wir einen großen Teil des Alten Testamentes lesen. In mir sträubte sich alles. Ich wusste, dass das absolut nicht mein Ding war. Ich überlegte mir schon verschiedene Methoden, dieser Aufgabe zu entgehen. Die alte Angst kam wieder hoch: Was wäre, wenn ich wieder kaum etwas verstehen würde, und was, wenn ich erneut bemerkte, dass ich eben keine gute Christin bin? Zu meinem großen Glück stellte unser Dozent uns dann allerdings eine Hörbibel vor. Ich fing also an, die Bibel zu *hören*. Noch nie hatte mich die Bibel so berührt wie durch das Hören der in verschiedenen Rollen vorgelesenen Texte. Eines wurde mir damit bewusst. Ich bin einzigartig. Es ist nicht schlimm, dass ich die Bibel viel lieber höre, als sie zu lesen. Auch wenn andere Menschen eine wahnsinnig gute Zeit damit verbringen, die Bibel zu lesen oder liebend gerne Kirchenlieder singen, so ist es absolut in Ordnung, dass ich andere Wege brauche, um Gott zu begegnen und mit ihm Zeit zu verbringen. Darin wurde ich noch einmal mehr bestätigt, als ich davon erfuhr, dass es sogar Bücher darüber gibt, in denen unterschiedliche Wege beschrieben werden, wie man Gott begegnen kann. Das kann auch auf den ersten Blick erst mal gar nichts mit der Bibel oder der Kirche zu tun haben. Mein Lieblingssong zum Beispiel ist kein Kirchenlied oder Worshipsong, trotzdem kann ich darin Gott erkennen. Ich bin mir sicher, dass Gott die Kunst und alles Schöne mit Freude erschaffen hat, um uns damit etwas Gutes zu tun. In schönen Bildern, wunderbaren Liedern oder auch einfach in der Natur können wir Gottes Schönheit erkennen und absolut berührt werden. Außerdem hat er jeden Menschen einzigartig gemacht, was bedeutet, dass wir verschieden sind. Es gibt also einen Sinn, warum ich so bin, wie ich bin. Gott wollte mich so. In der Bibel in Psalm 139 Vers 14 steht: „Herr, ich danke dir dafür, dass du mich so wunderbar und einzigartig gemacht hast! Großartig ist alles, was du geschaffen hast – das erkenne ich!"

An mir selbst und an anderen kann ich erkennen, dass Gott

ein guter und kreativer Schöpfer ist. Für mich ist es manchmal das intensivste Erlebnis, das ich mit Gott haben kann, wenn ich unterschiedlichen Menschen begegne. Wenn ich sehe, wie jeder Einzelne absolut künstlerisch und kreativ von Gott gemacht wurde. Wie wertvoll jeder ist. Ich arbeite zum Beispiel als Mitarbeiterin im Konfirmandenunterricht und bin häufig auf dem Heimweg absolut überwältigt von den Teenagern dort. Ich bin mehr als dankbar dafür, dass ich Gott so oft und so unterschiedlich erleben darf. Ich möchte dich dazu ermutigen, dass du dich nicht schlecht oder schuldig fühlst, wenn du merkst, dass die Menschen in deiner Gemeinde Gott ganz anders begegnen als du. Das ist richtig und gut so. Genauso möchte ich dich aber auch ermutigen, dass du dich immer wieder neu auf die Suche nach deinen individuellen Begegnungsorten mit Gott machst.

Bibelstelle:

Herr, ich danke dir dafür, dass du mich so wunderbar und einzigartig gemacht hast! Großartig ist alles, was du geschaffen hast – das erkenne ich! (Psalm 139,14)

Tipp des Tages:

Überleg dir, was du in deiner Freizeit gerne machst, oder hör dir einmal deinen Lieblingssong an und achte mal ganz bewusst darauf, wo dir Gott mitten in deinem Alltag mit seiner Kreativität und Schönheit begegnet.

Über mich:

Ich bin Joana Rimbach, mit Leib und Seele Osteopathin und wohne derzeit in München. Ich mag Menschen, interessiere mich für das, was sie zu sagen haben, was sie bewegt – und finde die Geschichten, die Gott mit ihnen schreibt, immer wieder spannend. Meine E-Mail: joka89@gmx.net

Für Gott bist du goldrichtig

Joana Rimbach

„Was kann ich denn schon groß? Ich bin in allem, wenn überhaupt, eher Durchschnitt. Unscheinbar und unbedeutend, in nichts wirklich gut. Eigentlich ist es doch völlig egal, ob es mich gibt. Was spielt es für eine Rolle, ob ich existiere oder nicht?!" Ich weiß nicht, ob du solche Gedanken kennst, aber mich haben sie eine ganze Zeit lang begleitet und bestimmt. Und um die Antwort auf die letzte Frage vorwegzunehmen: Es spielt eine große Rolle.

Seit meiner Kindheit bin ich schwerhörig. Im Laufe der Zeit wurden meine Ohren trotz meines Hörgerätes zunehmend schlechter. Ab der 10. Klasse wurde es dann richtig schlimm – permanente Ohrgeräusche, mehrere Hörstürze, hinzu kamen ständige Hals-Nasen-Ohren-Geschichten. Mehr als die Hälfte der Oberstufenzeit verbrachte ich krank zu Hause oder in Arztpraxen. Ich konnte nicht wie alle anderen am Wochenende mit feiern gehen, weil ich Gefahr lief, dabei mein komplettes Gehör aufs Spiel zu setzen. Meinen Mitschülern fiel ich bestenfalls durch mein Fehlen auf. Die Lehrer spotteten, ich sei ja gerne mal

„krank", oder machten mir Druck, wie ich denn so mein Abitur schaffen wolle. Ich solle einfach ein bisschen weniger zimperlich sein. Wenn ich in der Schule war, hatte ich mit meinem schlechten Gehör Mühe, das ganze Unterrichtsgeschehen zu verfolgen, geschweige denn mich aktiv einzubringen – deswegen machten mir meine ultra schlechten mündlichen Noten meine ansonsten ganz guten schriftlichen kaputt.

Das war eine ziemlich harte Zeit für mich. Ich fühlte mich ungerecht behandelt, isoliert, von Gott und vom Leben benachteiligt. Ich zweifelte an mir, meinen Möglichkeiten und meinen Fähigkeiten. Ich gab den Stimmen in meinem Kopf, die mir sagten, wie nutz- und wertlos ich sei, recht und versank immer tiefer in einem großen, dunklen Loch. Was sollte man denn mit jemandem wie *mir* anfangen? Bei Jugendveranstaltungen und Freizeiten war ich neidisch auf die Sportlichen oder diejenigen, die wenigstens gut aussahen, die beliebt waren, selbstsicher auftraten und schnell Kontakte knüpfen konnten. Bis ein Mädel aus meinem Teenkreis, das ich heimlich ein wenig um all diese Dinge beneidete, auf mich zukam und zu mir sagte: „Weißt du, Joana, ich finde es total toll, wie du auf Leute, die eher schüchtern sind, zugehen und dich um die kümmern kannst. Das würde ich auch gerne! Aber ich weiß gar nicht, worüber ich mit denen reden soll. Ich bin dazu auch zu ungeduldig. Du kannst das viel besser und das finde ich richtig schön."

Das war ein echtes Aha-Erlebnis für mich. Scheinbar gab es also doch ein paar Sachen, die ich konnte – Sachen, die ich gar nicht bemerkt hatte, weil sie außerhalb meines eingeschränkten Blickfeldes lagen. Und ich wurde das Gefühl nicht los, dass Gott da sogar noch ein bisschen mehr sah und seine eigenen Ideen und Pläne hatte, was er am besten mit mir anfangen wollte. Im Nachhinein betrachtet kann ich sagen: Da hatte ich den richtigen Eindruck! Ich habe mein Abitur geschafft und ein Osteopathie-Studium angefangen (Osteopathie ist eine recht junge, ganzheitliche Alternativmedizin, bei der man Menschen mit allen möglichen Beschwerden nur durch den Einsatz der Hände behandelt). Allein schon der Weg dorthin war so abgefahren, dass mir ziemlich schnell klar war: Gott muss was Bestimmtes vorhaben.

Im Verlauf des Studiums konnte ich tatsächlich immer mehr feststellen: Das ist wirklich voll mein Ding! Auf einmal war ich in mancherlei Hinsicht anderen gegenüber sogar im Vorteil. So hatte ich z. B. von klein auf gelernt, Situationen nicht nur durch das, was gesagt wird, wahrzunehmen. Wegen meines schlechten Gehörs hatte ich all meine anderen Sinne feiner trainiert. Auch jetzt in der Praxis sagen mir Patienten immer wieder, dass sie sich bei mir gut aufgehoben wissen, weil sie sich in ihrer Krankheit verstanden fühlen und ich trotz meiner jungen Jahre eine tiefere Reife ausstrahle.

Ich glaube nicht, dass ich bereits am Ende meiner Reise angekommen bin. Gott hat bestimmt noch viele Einfälle und sieht Facetten meiner Persönlichkeit, die er bei mir freilegen möchte. Aber ich durfte schon jetzt am eigenen Leib erfahren, dass ich trotz meiner Einschränkungen und Fehler und Unzulänglichkeiten für ihn *goldrichtig* bin. Er hält trotz all der Nebelfelder, durch die ich mich manchmal bewege, oder der Felsbrocken und Geröllhaufen, die sich mir immer mal wieder in den Weg stellen, einen genialen, maßgeschneiderten Plan für mein Leben bereit. Ich habe erfahren, dass es sich lohnt, sich darauf einzulassen und ihm die Führung zu übergeben. Und dass es einen Grund hat, warum es mich gibt. Das Coole dabei ist: Das gilt nicht nur für mich – das gilt für dich genauso!

Ich kann dir nur Mut machen, es einfach mal auszuprobieren und Gott in dein Leben einzuladen. Ich glaube, er hat dir eine ganze Menge zu zeigen.

Bibelstelle:

Für die Menschen ist wichtig, was sie mit den Augen wahrnehmen können; ich dagegen schaue jedem Menschen ins Herz. (1. Samuel 16,7)

Tipp des Tages:

Bitte einige Personen, von denen du denkst, dass sie dich gut kennen und denen du vertraust, dir mal (z. B. via Mail) eine ehrliche Einschätzung zu schreiben: Wo liegen deine Stärken? Was kannst du besonders gut, was zeichnet dich aus, was sind deine besonderen Eigenschaften? So etwas von anderen gesagt zu bekommen, das tut nicht nur gut, sondern kann einem manchmal ganz neue Perspektiven öffnen.

SCHLUCHZ
HEY LENI, ALLES KLAR BEI DIR? WAS IST DENN PASSIERT?
ALLE MACHEN SICH ÜBER MEINE "PEPPER PEACOCK TACO MASSACRE" FANFICTION LUSTIG.
WAAAS!!? ICH LIEBE "PEPPER PEACOCK".
HAB DIE LETZTEN SECHS MONATE VOR'M RECHNER GEHOCKT UND AN'NER VIDEOSPIEL-ADAPTION GEWERKELT.
WIRD EIN SPRITE BASIERTER SIDE-SCROLLER MIT KILLER OPTIK.
MIR FEHLEN NUR NOCH EIN PAAR GUTE IDEEN, WAS DEN PLOT ANGEHT.
PEPPER PEACOCK -TACO MASSACRE
ZRRRP
WOW! DAS KLINGT ECHT GUT.
VIELLEICHT KANN ICH DIR MIT DER STORY HELFEN.
DANK LENIS HILFE KONNTE ICH MEIN PROJEKT FERTIGSTELLEN UND NUN KANN ENDLICH JEDER IN DIE ROLLE VON "PEPPER PEACOCK" SCHLÜPFEN UND NUDISTISCHE TACO-RÄUBER VERMÖBELN.
JUICE
HITCOUNTER 50034
FOOH
BLURGH!
FOOH
FOOH
3X
SCOVILLE SCALE
W. DOLLE 2016

Über mich:

Ich heiße Dennis Werne und bin 25 Jahre alt. Nach dem Abitur habe ich zuerst Wirtschaftsinformatik studiert, doch Gott hat mir die Arbeit mit Kindern und Jugendlichen ans Herz gelegt. Deshalb bin ich jetzt an einer Bibelschule und mache dort zusammen mit meiner Verlobten eine Ausbildung zum Erzieher und Jugendreferenten. Meine E-Mail: mail@denniswerne.de

Gott im Leiden erfahren

Dennis Werne

An den 19. Februar 2004 kann ich mich noch gut erinnern, zumindest an das, was nach der Schule passierte. David war acht Jahre alt, Saphira sechs, Sina war vierzehn und ich zwölf. Mein Bruder und meine kleine Schwester teilten sich ein Zimmer und meine große Schwester Sina und ich ebenfalls. Mein Vater war damals wegen eines Rückenleidens seit vier Wochen in einer Rehabilitationsklinik, ziemlich weit weg von daheim, und während dieser Zeit nicht zu Hause gewesen. Meine Mutter musste sich also ganz alleine um uns kümmern.

An diesem Morgen des 19. Februar ruft meine kleine Schwester Saphira nach mir, aber ich ignoriere sie, weil ich mir sicher bin, dass sie wieder einschläft. Leise schleiche ich an ihrem Zimmer vorbei, um wie gewöhnlich zum Frühstücken zu meiner Mutter in die Küche zu gehen. Hätte ich geahnt, was an diesem Tag noch geschieht, wäre ich wenigstens kurz ins Zimmer meiner beiden kleineren Geschwister gegangen, hätte Saphira einen Kuss geben und sie ganz fest in den Arm genommen.

Nach dem Unterricht fahre ich zusammen mit meiner großen Schwester von der Schule nach Hause. Schon als der Bus in die

Hauptstraße einbiegt, können alle sehen, dass weiter vorne die Straße gesperrt ist, weil da etwas passiert war. Der Bus muss also schon früher als gewöhnlich halten, um dann die Umleitung in die Nebenstraße nehmen zu können. Außer meiner Schwester und mir steigen sonst nur noch ein oder zwei andere Personen aus, was mir aber in dem Moment nicht so wichtig vorkommt. Ich bin nämlich bloß neugierig, was da wohl passiert ist. Mit meiner Schwester zusammen springe ich aus dem Bus und renne zu der Unfallstelle. Ein großer, mit Rollsplitt vollgeladener LKW steht auf der Straße und auf dem Boden ist eine Blutlache zu sehen, die sich in Richtung des Straßenrandes verteilt hat, aber schon leicht in den Asphalt eingetrocknet ist. Unter dem linken Vorderrad des LKWs ist ein kleines rotes Fahrrad eingeklemmt und ich kann die Schleifspuren vom Metall auf dem Asphalt unter dem Fahrzeug sehen.

In diesem Moment bildet sich ein Kloß in meinem Hals. Saphira hat doch so ein Fahrrad! Aber ein Junge aus unserem Dorf, Daniel, der immer total gemein zu meinen Geschwistern ist, hat ein ähnliches Fahrrad wie Saphira. Welches Fahrrad es nun ist, kann ich nicht erkennen. Ich schaue meine große Schwester fragend an. Jetzt bemerke ich erst den älteren Mann am Straßenrand. Auch meine Schwester hat ihn gesehen. „Was ist denn passiert?", fragt sie ihn. Der senkt den Kopf und antwortet sehr leise, sodass ich es gar nicht so richtig verstehen kann: „... kleine Mädchen ... gegenüber vom Getränkehändler ...". „Und was ist jetzt mit ihr passiert?", höre ich Sina fragen. Er schaut uns mit Mitleid in seinen Augen an, zuckt hilflos die Schultern und antwortet nur mit einem Wort: „TOT!" Ich bin wie in Trance. Meine Schwester beginnt zu laufen. Bis zur Wohnung sind es ungefähr sechshundert Meter. Ich laufe hinterher und stoppe ab und zu, um durchzuatmen. Die ganze Zeit über denke ich das Gleiche: *Das kann nicht sein! Bitte, Gott, lass es jemand anderes sein! Das muss ein Irrtum sein. Lass es bitte Daniel sein oder irgendjemand anderen. Aber nicht Saphira.* Ich bin zu geschockt, um zu weinen. Als ich zu Hause ankomme, wartet dort auch schon unser Missionsleiter Matthias im Flur und wirkt irgendwie hilflos. Meine Mutter steht weinend im Türrahmen zum Büro weiter vorne. Erst jetzt weiß ich es sicher. Es ist kein Irrtum. Die Gewissheit erschlägt mich fast. MEINE SCHWESTER IST TOT! Sie wird nicht mehr zurückkommen. Jetzt kommt auch mein kleiner Bruder David mit Tränen in den Augen die Treppe herunter. Ich möchte weinen, kann es aber immer noch nicht. Der Schock lähmt mich. Ich glaube mich noch erinnern zu können, dass Matthias sagt, wie schrecklich leid es ihm tut.

Das Nächste, woran ich mich erst wieder gut erinnern kann, ist, dass ich abends vor dem PC sitze und „Worms" spiele, um mich abzulenken. Mein Vater war schon auf dem Weg aus der Reha zurück zu uns. Wie schwer muss das Ganze für ihn sein, denke ich, wenn er seine Tochter schon vier Wochen lang nicht mehr gesehen hat? Als er ins Büro kommt, läuft er direkt auf mich zu, umarmt mich ganz fest und sagt mir weinend, dass ich ruhig alles rauslassen kann und mich nicht zu schämen brauche. Jetzt kann ich auch weinen ... endlich ... Es tut so gut. Es fühlt sich an, als ob ein Teil des Schmerzes mit den Tränen davonfließt. Ich habe nicht gewusst, dass ein Schmerz so groß sein kann, dass es einem erst einmal gar nicht möglich ist zu weinen. Das war aber dann für eine längere Zeit das einzige Mal, dass ich weinen konnte. Aus irgendeinem Grund ging es danach eine ganze Weile lang nicht mehr.

Am nächsten Tag bringt der Leichenbestatter den Sarg mit Saphira zu uns nach Hause, wo sie aufgebahrt wird. Als ich ins Zimmer komme, sehe ich den großen Sarg, der nur mit der oberen Hälfte geöffnet dasteht. Meine Schwester ist schön angezogen, aber das Gesicht sieht ganz blau aus. Es ist ein unbeschreiblich seltsames Gefühl. Später habe ich erfahren, dass es sehr schwierig war, sie noch einmal so herzurichten. Hätte sie keinen Sturzhelm getragen, dann hätte man ihr Gesicht nicht mehr erkennen können. Obwohl sie den Helm trug, waren sämtliche Knochen gebrochen und verschoben gewesen. Mein Vater fragt, ob wir sie anfassen und zum Abschied noch ein letztes Mal streicheln möchten. Vorsichtig strecke ich ganz langsam meine Hand aus. Als ich ihre Wange berühre, fühlt sich diese ganz kalt und leblos an. Ich spüre deutlich, dass in dem Körper keine Seele mehr ist. Es ist schwer auszudrücken, aber ich weiß, dass das, was da vor mir liegt, nicht mehr meine Schwester ist. Da fehlt einfach ... *sie* ...

Saphira ist jetzt bei Gott und wartet da wahrscheinlich schon auf uns. Ich weiß, dass ich sie dort, in welcher Weise auch immer, wiedersehen werde. Das hat sie selbst schon als kleines Mädchen gesagt, dass sie einmal bei Jesus ist, wenn sie irgendwann stirbt. Und wir sollen dann nicht weinen, weil da Freude herrscht, wo Jesus ist. Sie hat sogar unseren Großeltern oft gesagt, dass sie Jesus brauchen.

Die Beerdigung habe ich als sehr schlimm empfunden, da ich mir einredete, dass alle von mir erwarten würden zu weinen, was ich aber nicht wirklich konnte. Das Gefühl war schrecklich, weil ich mir dachte, es würde für andere so aussehen, als mache mir der Tod meiner kleinen Schwester nicht viel aus. Erst Monate später konnte ich weinen. Und manchmal schießen mir auch heute noch, wenn mir bewusst wird, wie sehr sie mir fehlt, die Tränen in die Augen. Aber trotzdem habe ich die Gewissheit, dass sie bei Gott gut aufgehoben ist.

Das war aber bei Weitem nicht das Einzige, was in meinem bisherigen Leben schiefgelaufen ist. Aber ich habe gelernt, das alles in Gottes Hände zu legen und trotzdem mit Freude durchs Leben zu gehen, die er mir schenkt. Es hat mir auch sehr geholfen aufzuschreiben, was passiert ist, und es mit anderen zu teilen. Wenn in deinem Leben etwas geschieht, das einfach nur sinnlos erscheint, dann versuche nicht, Gott dafür die Schuld zu geben. Er ist nicht die Ursache von dem Schlechten, das passiert. Bitte Gott stattdessen um Kraft, dir in der schwierigen Situation beizustehen. Vertraue dich jemandem mit deinem Leid an. Es muss nicht unbedingt ein Familienmitglied sein. Es ist wichtig, mit einer Person, der du vertraust, über deinen Schmerz zu sprechen. Gott wird dich nicht im Stich lassen, wenn du ihn darum bittest, dir zu helfen!

Bibelstelle:

Der Herr ist denen nahe, die verzweifelt sind, und rettet jeden, der alle Hoffnung verloren hat. (Psalm 34,19)

Tipp des Tages:

Schreib auf, was dich bedrückt, und teile es mit anderen.

Über mich:

Ich bin Jules Saalbach, wohne in Braunschweig und arbeite seit August 2015 als Erzieherin in einer familienanalogen Einrichtung.

Dankbar sein – längst vergessenes Gut

Jules Saalbach

Ich gehe durch die Straßen von Braunschweig. Überall sehe ich Menschen, die hastig durch die Gegend laufen. Von einem Geschäft zum anderen eilen und dabei den Blick nicht vom Boden heben. Sie haben es eilig und nehmen ihre Umgebung nicht mehr wahr. Sie sehen nicht den wunderbaren blauen Himmel, sie fühlen nicht mal die Wärme in der Luft. Sie hasten mit ihren dicken Mänteln (in denen ich schon längst eingegangen wäre) durch die Geschäfte hindurch. Im Bus mache ich einer älteren Person Platz. Diese sagte nur: „Wurde Zeit, dass das einer macht." Hallo? Habe ich irgendetwas verpasst? Ich denke mir nur, dass ich jetzt weniger Lust habe, das nächste Mal noch aufzustehen. Wie undankbar die Menschen doch geworden sind. Undankbar und egoistisch. Sie sind einfach auf ihren Vorteil fixiert und wollen nur noch mehr erreichen und das Beste haben. Dass man dabei andere vor den Kopf stößt, ist doch egal.

Wie siehst du das? Bist du auch jemand, der auf den eigenen Vorteil fixiert ist und versucht, ihn mit allen Mitteln zu erreichen? Es ist nicht schlimm, es geht nur um die Art und Weise, *wie* man es erreichen will. Ich versuche auch, das Beste für mich zu bekommen, allerdings auf anderen Wegen. Nachdem ich in meinem Leben so oft gestrandet bin, weil ich meinen Willen durchsetzen wollte, nehme ich nun Gott in meine Entscheidungen mit hinein. Das hat mich dankbarer werden lassen. Es war aber auch etwas Arbeit nötig. Ich bin während der Zeit am Marburger Bibelseminar gewachsen und konnte viele Sachen lernen – nicht nur über die Ausbildungsinhalte, sondern besonders auch über mich. Ich habe mich langsam verändert. Ich bin längst nicht mehr so hart mit mir, wie ich es mal war. Hauptsache gute Noten, auch wenn ich die Ausarbeitung viermal mache – das war einmal.

Dankbar sein. Das ist das, was ich gelernt habe und was ich dir so gerne ans und ins Herz legen möchte. Dankbarkeit ist für mich ein längst vergessenes Gut, das uns aber vieles erleichtert. Durch die Dankbarkeit lenken wir nämlich unseren Blick vom Negativen auf das Positive. Das ergibt ein völlig anderes Gefühl. Natürlich bin ich sauer auf mich oder den Dozenten, wenn ich mal eine 4 oder 5 geschrieben habe, aber ich bin dankbar, dass es nicht schlechter war. Ich bin dankbar, wenn es regnet, denn zum einen brauchen die Pflanzen Wasser und zum anderen könnte es auch Hagel sein und der tut mehr weh. Ich bin dankbar für die Schule, denn ich darf lesen und schreiben lernen und muss nicht dumm und unwissend bleiben. Ich bin dankbar für so viele Sachen, weil es alles auch schlimmer hätte sein können. Es kommt eben immer auf den Blickwinkel an und vielleicht ist es für dich dran, deinen mal zu verändern.

Trau dich und sei dankbar. Äußere diese Dankbarkeit. Wenn deine Mutter mittags für dich kocht: Sei dankbar, auch wenn es nicht schmeckt. Sie nimmt sich die Zeit dafür und hätte auch andere Dinge machen können. Wenn deine Eltern wissen wollen, wo du bist: Sei dankbar, denn ihnen könnte es auch egal sein, aber sie sorgen sich um dich. Wenn deine Schwestern einfach in dein Zimmer platzen: Sei dankbar, denn sie zeigen dir dadurch vielleicht ihre Zuneigung und Liebe.

Was macht es für einen Unterschied, dankbar zu sein? Diese Frage habe ich mir auch gestellt. Früher war ich unzufrieden. Unzufrieden mit mir, weil ich mein Leistungsziel nicht erreicht habe. Ich war unzufrieden mit meinen Dozenten, weil sie mir nicht die Noten gegeben haben, die ich wollte. Ich war unzufrieden mit allem, weil nichts so gepasst hat, wie ich es wollte. Doch nun ist es anders und das ist wirklich ein großer Unterschied. Ich bin inzwischen zufrieden mit mir, den Menschen um mich herum und mit dem Leben im Großen und Ganzen. Anfang 2015 entschied sich, dass mein Lebensweg mich nach Braunschweig führt. Braunschweig! Eigentlich eine Stadt, in der ich nie wohnen wollte und von der ich nicht wusste, wo sie überhaupt liegt. Anstatt unzufrieden zu sein, habe ich aber Gott dafür gedankt, denn er hat sich dabei bestimmt was gedacht. Und jetzt, am Ende des Jahres, kann ich nur sagen, dass es gut so war. Ich bin Gott unglaublich dankbar für alles, was in meinem Leben passiert. Tag für Tag gibt es so viele kleine und gute Sachen, für die ich dankbar sein kann. Darüber vergesse ich manchmal sogar die Sachen, die schlimm sind, die mich traurig machen oder die mich richtig fertigmachen könnten. Dankbarkeit ist für mich eine Lebenseinstellung geworden und ich wünsche dir, dass du sie kennenlernst und auch in deinem Leben verankern kannst.

Ich weiß nicht, in welcher Situation du dich befindest, wenn du dies hier liest. Es kann sein, dass du sowieso schon dankbar bist – hey, dann freue ich mich sehr für dich! Es kann aber auch sein, dass du gerade in einem mega Loch hängst und über meine Worte müde lächelst. Dann rate ich dir: Probier es am besten gleich mal aus. Schnapp dir einen Zettel und schreib fünf Dinge auf, für die du heute dankbar bist. Es müssen keine großen Sachen sein, kleine reichen schon aus. Versuch mal, das Ganze eine Woche durchzuziehen. Und wenn du danach sagst, dass das nichts bringt, dann lass es, aber versuch es wenigstens.

Es erfordert Mut, sich von seiner negativen Einstellung zu lösen. Immerhin gibt einem das auch Sicherheit. Da kennt man sich aus, man suhlt sich in seinem Selbstmitleid und man beweist sich immer wieder, dass man nichts kann, schafft, ist ... Ich darf das schreiben und sagen, denn mir ging es lange Zeit genauso, aber es macht keinen Sinn. Man macht sich selbst nur unglücklich. Dankbarkeit aber hilft aus dem Selbstmitleid heraus. Man braucht nur den Mut dazu, eine neue Lebenseinstellung zu wagen. Vielleicht sagst du jetzt, dass du dich noch ein bisschen suhlen willst und es später versuchst – aber wenn nicht jetzt, wann dann? Nimm dir einen bestimmten Tag vor, ab dem du üben möchtest, dankbarer zu sein.

Dankbarkeit – ein längst vergessenes Gut. Lass uns gemeinsam dafür sorgen, dass es nicht ganz in Vergessenheit gerät, sondern wieder mehr in unseren Köpfen und Herzen verankert wird. Ich bin dankbar, dass du das gelesen und nicht irgendwann aufgehört hast. Danke. Wenn du jetzt, heute, direkt damit beginnen willst, dankbarer zu leben, dann bitte doch einfach Gott darum, dir Dinge zu zeigen, für die du dankbar sein kannst. Ich habe ein Gebet formuliert, das du dazu nutzen kannst:

Lieber Gott,
ich fühle mich oft von den negativen Dingen in meinem Leben überrollt. Sie scheinen mich zu beherrschen, aber das möchte ich gar nicht. Ich möchte freier sein für die schönen Dinge in meinem Leben. Hilf mir dabei, diese schönen Dinge zu erkennen und dankbar für sie zu sein. Ich möchte lernen, dankbar auf das Positive zu gucken, statt mich an dem Negativen festzuklammern. Bitte hilf mir dabei, wenn das Negative wieder zu viel Raum einnehmen möchte. Hilf mir dabei, dass ich deine Schöpfung dankbar beach-

ten kann. Gott, ich danke dir, dass du mich liebst und geschaffen hast. Amen.

Bibelstelle:
Dankt Gott für alles. Denn das erwartet Gott von euch, weil ihr zu Jesus Christus gehört.
(1. Thessalonicher 5,18)

Tipp des Tages:
Sag den Menschen, denen du auf deinem Weg begegnest, einfach mal „Danke". Sei es der Postbote, der Bäcker, der Polizist ... oder deinen Lehrern. Dankbarkeit verändert nicht nur dich.

IST COOL, DASS DU MICH ABHOLST.
ACH, KEIN DING! MOM HÄTTE DIESE WOCHE SONST KEINEN ZAHNARZT-TERMIN MEHR GEKRIEGT UND ICH HAB FÜR HEUTE EH NICHTS GEPLANT.
HAST DU SCHON DIE BILDER GESEHEN, DIE WIR AM MONTAG GEMALT HABEN?
WIR SOLLTEN WAS MALEN, WORÜBER WIR UNS AM WOCHENENDE GEFREUT HABEN.
CORDI HAT NEUE FISCHE BEKOMMEN ...
Cordi
Mike
UND LARISSA HAT SICH IN IHREM SUPER TEUREN NEUEN KLEID GEMALT.
MIKE HAT VIDEOSPIELE GESPIELT.
DAS IST COOL! WAS HAST DU GEMALT?
ICH HAB GEMALT, WIE WIR ZUSAMMEN AUF DEM BOLZPLATZ WAREN.
JA STIMMT, DAS WAR NICHT SCHLECHT!
Tim
W. DOLLE 2016

Beten – einfach ausprobieren!

Fossi Bäumer

Beten ist ein cooles Thema! Ich freue mich, dass wir jetzt ein bisschen Zeit haben, darüber nachzudenken. Schau mal beim Lesen, ob du nicht an irgendeiner Stelle angesprochen bist und wo der Herr dir vielleicht was sagen möchte.

Ich habe den Eindruck, dass „Gebet" zu den Themen gehört, zu denen ich als gläubiger Mensch eine etwas ambivalente Beziehung habe. Ambivalent bedeutet, wenn man nicht nur ultra gute oder ultra schlechte Gefühle hat, sondern beides in dir irgendwie vermischt ist. Beten ist für viele Christen und Christinnen häufig keine so einfache Sache. Es ist manchmal mit schlechtem Gewissen beladen und manchmal erzeugt es Ratlosigkeit. Andererseits kenne ich fast keinen Jesusnachfolger, der sagen würde, beten sei überflüssig oder uncool. Deswegen lade ich dich ein, mit mir zusammen über zwei Punkte nachzudenken. Beten ist sehr schwer – das ist der erste Punkt. Beten ist echt ein Vorrecht – das ist der zweite Punkt. Also, der erste Punkt:

1. Beten ist sehr schwer

Mir sind drei Hürden oder Hindernisse eingefallen, die viele Menschen in Bezug auf das Beten haben. Lass uns diese drei Hürden mal anschauen:

Da wäre zunächst die *intellektuelle Hürde*. Gott ist doch allmächtig, oder? Wozu braucht er dann meine Gebetspower? Oder ist der Herr in Wirklichkeit so eine Art Batterie, die von meiner Power gespeist wird? Zu wenig Gebetsenergie – keine Power. Das würde irgendwie schwächlich und schlapp wirken, Gott wäre mehr so eine Art Göttlein. Aber Gott ist doch allwissend, oder? Warum muss ich ihm dann meine Anliegen sagen? Oder hat der Herr in Wirklichkeit doch ziemlich viel um die Ohren? Vielleicht hat er auch Gedächtnislücken? In beiden Fällen wäre Gott irgendwie abhängig von dem, was *ich* tue. Und das kommt mir seltsam vor. Es ist auch nicht ganz so leicht, darauf eine befriedigende Antwort zu finden. Deswegen ist es bei vielen Menschen eine Hürde, die intellektuelle Hürde.

Das zweite Hindernis, das etliche Menschen vom Beten abhält, ist die *emotionale Hürde*. Es gibt doch viele unerhörte Gebete und manche Menschen haben Angst davor, was das bei ihnen auslöst, wenn Gott ihre Gebete nicht erhört. Dann könnte ich ja von Zweifeln befallen werden oder den Bock auf Prayen verlieren.

Meine Oma ist mittlerweile hundert Jahre alt. Und mein Bruder geht regelmäßig zum Essen zu ihr. Einmal hat meine Oma meinen Bruder nach dem Essen angepflaumt und gesagt: „Jetzt hör doch mal mit dem Rauchen auf! Dann hat's endlich auch was gebracht, dass ich die ganze Zeit dafür bete." Du siehst, meine Oma ist eine sehr handfeste fromme Frau! Aber Scherzoma beiseite: Unerhörte Gebete können Wunden schlagen und das Vertrauen in die Liebe Gottes erschüttern. Z. B. dann, wenn ich ganz intensiv gebetet habe und trotzdem ein Unglück geschieht oder ein Mensch nicht gesund wird.

Die dritte Hürde will ich die *Schweinehund-Hürde* nennen. Da geht's um meinen inneren Schweinehund, den zu überwinden eine sprichwörtliche Herausforderung darstellt. Ich spiele immer mal wieder „Hearts" am Rechner. Ist so ein Kartenspiel, das kostenlos bei fast jedem Betriebssystem mit dabei ist. Und ich versuche immer, bei null Punkten zu landen, wenn der Rechner hundert voll hat – dann hätte ich nicht nur gewonnen, sondern dem Rechner sozusagen eine schmachvolle niederschmetternde abgrundtiefe Niederlage bereitet. Neulich habe ich das tatsächlich geschafft! Als ich in der Statistik nachgeschaut habe, wie viele Versuche ich dazu gebraucht habe, waren es knapp tausend! Ich habe tausendmal Hearts gespielt, aber gleichzeitig tue ich mich mit regelmäßiger Fürbitte schwer. Ich bin echt ein Sack oder zumindest eine faule Ratte, was Fürbitte angeht! Das ist die Schweinehund-Hürde, meine Freunde. Neulich war ich als Gast in einem Hauskreis eingeladen, um einen Workshop zu machen. Da hat ein Mädel erzählt, dass sie siebzehn Jahre lang dafür gebetet hat, dass sich ihre Freundin zu Jesus bekehrt. Siebzehn Jahre! Gute Güte! Und ich spiele Hearts ... Und letztens hat mir bei einer Veranstaltung, wo ich gepreacht habe, ein anderes Mädel erzählt, dass sie als Leiterin einmal die Woche für ihren Teenkreis fastet. Und ich spiele Hearts ...

Bei welcher der drei Hürden fühlst du dich angesprochen? Ist es die intellektuelle Hürde oder die emotionale Hürde oder die Schweinehund-Hürde? Egal, welche es ist, solange wir Menschen sind, werden wir meines Erachtens mit diesen Hürden zu kämpfen haben. Deshalb sollte ich nicht darauf warten, dass sich die Hürden in Luft auflösen, sondern jetzt schon mal, trotz dieser blöden Hürden, mit dem Prayen loslegen. Denn, und das ist der zweite Punkt:

2. Beten ist echt ein Vorrecht

Das Bittgebet ist ein Vorrecht unseres Glaubens. Eine alte Frau aus Japan hat sich zu Jesus bekehrt. Ihr Haus liegt auf einem kleinen Hügel. Auf der anderen Seite des Tals, auf dem gegenüberliegenden Hügel, befindet sich der Friedhof des Dorfes. Und da liegt auch der Mann dieser alten Frau begraben. Wenn sie nun zum Friedhof gehen will, betet die alte Frau dafür, dass es nicht regnet. Ein Kumpel von mir hat sich ultra über diese Frau lustig gemacht. Als ob Gott nichts Besseres zu tun hätte, als dafür zu sorgen, dass diese alte Schachtel trockenen Fußes zum Grab ihres Alten käme. Ich habe daraufhin zu meinem Kumpel gesagt: Das ist ein Vorrecht unseres Glaubens. Ich bin Gottes geliebtes Kind. Deswegen darf ich mit solchen persönlichen Anliegen zu ihm kommen. Wenn ich natürlich immer nur um persönliche Sachen bete, ist das auch irgendwie uncool und egozentrisch, aber jedenfalls darf ich auch um ganz persönliche Sachen beten. Beten ist echt ein Vorrecht!

Beim Beten gibt es verschiedene Stile und Schwerpunkte. Das ist ebenfalls ein Vorrecht. Man könnte sich ja auch vorstellen, dass wir alle zur gleichen Zeit das Gleiche sagen müssten. Dass das Reden mit Gott nicht so gestrickt ist, finde ich ultra! Fürbittenlisten für den einen, Segnungsgebet für die andere; Anbetungsleitung für den einen, Krankengebet bei der anderen; ein dankbares Herz bei dem einen, ein unglaubliches Sich-Geliebt-Wissen bei der anderen.

Neulich war ich Preacher bei einer größeren Veranstaltung. In der Mittagspause kommt ein älterer Herr zu mir. Da ich kein so klassischer Prediger bin und auch etwas unklassisch aussehe, mache ich mich innerlich schon auf Schelte gefasst. Aber der ältere Herr wollte mir nur danken – er sagte, er hätte meine Predigt total gut gefunden. Wir kamen dann so ins Gespräch und er erzählte, dass Gott ihm Nordkorea aufs Herz gelegt hätte. Deswegen fliegt er einmal im Jahr nach Japan. Nach Nordkorea darf er ja nicht fliegen, um für die Menschen dort zu beten, deswegen fliegt er nach Japan. Weil der Flug dann über Nordkorea geht und er dann ganz intensiv für die Menschen dort beten kann.

Muss ich jetzt auch einmal im Jahr nach Japan fliegen? Natürlich nicht. Wir beten unterschiedlich. Vergleichsdenken ist fast immer ungesund, auch beim Beten. Aber ich kann mich freuen, dass es solche kreativen alten Menschen gibt, die so ein wahnsinniges Gebetsleben an den Tag legen! Und ich kann mich davon anstecken lassen und den Sog spüren und schauen, was in meinem eigenen Leben möglich wäre. Ich darf Beten als dauernden Kontakt mit Jesus sehen. Eine Standleitung. Ein kabelloses Netzwerk zwischen Jesus und mir. Ein Netzwerk, aus dem ich Impulse von ihm bekomme, Gedanken, Empfindungen, Eindrücke, Trostworte, einen liebevollen Blick. Ein Netzwerk, durch das ich Gebet als Dauerverbindung erleben kann und nicht nur als Einbahnstraße frommer Worte. *Betet ohne Unterlass*, sagt Paulus im Neuen Testament. Seid immerwährend in Verbindung mit Jesus. Sprecht und hört; sendet und empfangt; erzählt und lebt als geliebte Kinder Gottes!

Meine beiden Punkte waren: Beten ist sehr schwer und Beten ist echt ein Vorrecht. Da drei eine heilige Zahl ist, will ich noch einen Punkt hinzufügen:

3. Beten darfst du nun tun

Entspanne dich, finde deinen Stil und Schwerpunkt! Lass dich herausfordern und einladen von Jesus! Wo gehen dir gerade beim Lesen Gedanken durch deinen Kopf oder durch dein Herz? In welchem Bereich deines Gebetslebens möchte dich Jesus vielleicht verändern? Wo möchte dich Jesus gebrauchen? Wo möchte dich Jesus entspannen, weil du unter einem ungesunden Druck leidest? Wo musst du noch mehr lernen, deine intellektuellen Hürden, deine emotionalen Hürden oder deine Schweinehund-Hürden zu überwinden? Wo solltest du Gebet im Alltag mehr als drahtlose Standverbindung sehen? Wo darfst du noch mehr lernen, dass Gebetsleben auch bedeutet, einfach als geliebtes Kind Gottes fröhlich zu leben und zu genießen? Ich habe neulich ein sehr cooles Buch gelesen. Da macht ein Typ unglaubliche viele verschiedene Gebetsexperimente. Er versucht sich an sozusagen allen Gebetsformen und schaut, welche davon zu ihm passen und welche nicht. Eine riesige Fundgrube an coolen Ideen und sehr empfehlenswert: das Buch „Beten – ein Selbstversuch" von Klaus Douglass.

Bibelstelle:
Gegen Mitternacht beteten Paulus und Silas. Sie lobten Gott laut und die übrigen Gefangenen hörten ihnen zu. (Apostelgeschichte 16,25)

Tipp des Tages:
Probier in der kommenden Woche sieben verschiedene Gebetsformen aus!

DAS TRAINING FÄLLT HEUTE AUS.
HAST DU DIE MAIL NICHT BEKOMMEN?
HATTE AUCH DEINEM ONKEL BESCHEID GEGEBEN.
SO EIN MIST!
MEIN RECHNER IST KAPUTT UND MEIN ONKEL HAT DERZEIT SO VIEL UM DIE OHREN.
DER HAT'S MIT SICHERHEIT VERGESSEN.
SPÄTER IN DER STADT...
COMICS & GAMES
OPEN
WERD' DEN LADEN WOHL DEMNÄCHST DICHT MACHEN MÜSSEN.
DIESE WUCHER-MIETEN TREIBEN MICH IN DEN RUIN!
DAHEIM...
UND JETZT?
WAS ZOCKEN ODER NE SERIE BINGEN?
VIELLEICHT SOLLTE ICH...
HEY JESUS, ICH WOLLT DICH JA EIGENTLICH UM NEN NEUEN COMPUTER BITTEN,
ABER DANN IST MIR KLAR GEWORDEN, DASS DER COMICLADEN WICHTIGER IST.
BITTE RETTE DEN COMICLADEN VOR DER PLEITE.
AMEN. W. DOLLE 2016

Über mich:

Ich heiße Silas Bodenhöfer und gehe zurzeit auf eine Bibelschule. Diese Zeit nutze ich besonders dafür, um Gott besser kennenzulernen. Ich merke, wie er sich sehr nach mir sehnt, und bin so froh, mich sein Kind nennen zu dürfen. Ich bin 20 Jahre alt und werde nächsten Sommer heiraten. Meine E-Mail: silasbodenhoefer@gmail.com

Die „Stille Zeit" – Zeit mit Gott verbringen

Silas Bodenhöfer

„Stille Zeit" – diese Worte lassen dich wahrscheinlich, wie viele andere, einfach nur gähnen und der Gedanke „Joo, bestimmt ganz nett, aber nichts für mich!" macht sich sofort breit. Vielleicht fühlst du dich auch ein bisschen schuldig. Schnell an was anderes denken!

Ich will **trotzdem** davon schwärmen. Auch ich kenne das, dass man ja irgendwie mal Zeit mit Gott verbringen möchte und nach zwei Minuten bereits für alles gebetet hat, was man so in seinem Kopf zusammenkratzen kann. Dann probiert man's mit dem Bibellesen, aber das bringt's irgendwie auch nicht so richtig. Frustrierte Erfahrungen sammeln sich und man kommt zu dem Schluss, dass das zu viel Arbeit für zu wenig Erfolg ist. Viele andere Christen scheinen das ähnlich zu erleben, deswegen schlafen sie in den Gottesdiensten auch regelmäßig ein. Es ist oft langweilig und die tollen Heilungsgeschichten und Dämonenaustreibungen aus der Bibel kann man weit und breit im Alltag nicht wiederfinden – dabei kündigt Jesus uns doch an, dass wir größere Taten als er vollbringen werden! Es liegt daran, dass wir nicht verstanden haben, was eine wirkliche Beziehung mit Gott eigentlich bedeutet! Gott sehnt sich nach deinem Herzen!!! Er will unbedingt mit dir reden und dir zuhören! Er will wissen, was in dir vorgeht und was du dir wünschst. Er will auch hören, wenn du sauer auf ihn bist und was du nicht verstehst. Gott checkt es sofort, wenn wir ihm was vorspielen und nur Worte daherreden beim Beten. Deshalb mein erster Tipp: Sei immer ganz ehrlich mit Gott und sag ihm das, was du wirklich meinst.

Gott will auch zu dir sprechen. Er besitzt unglaublich große Weisheit! Er hat für jedes nur erdenkliche Problem eine Lösung, aber wir Christen sind oft so doof und fragen ihn nicht danach. Wahrscheinlich, weil Gott meist so leise spricht. Wir ballern uns mit allen möglichen Medien zu und es bleibt einfach keine Ruhe, um Gott kennenzulernen. Doch es lohnt sich!!! Wenn du erst einmal anfängst, in die Abenteuer einzusteigen, die ein Leben mit Gott mit sich bringt, wirst du nicht mehr damit aufhören wollen.

Doch ich möchte noch ein bisschen praktisch werden. Wie kann man denn nun mit Gott reden und ihn hören? Zum einen kannst du das den ganzen Tag lang, wenn du unterwegs bist. Doch es ist wie mit einer Freundin oder einem Freund. Die sehnen sich auch danach, mal Zeit mit dir alleine zu verbringen, wenn du gerade nicht busy bist. Gott zählt da aber nicht die Minuten! Er freut sich auch, wenn du ihm am Anfang einfach z. B. mal fünf Minuten vor dem Einschlafen schenkst. Doch um sein eigenes Herz vor Gott wirklich zu öffnen, braucht es normalerweise mehr Zeit! Je mehr Zeit du Gott zur Verfügung stellst, umso mehr wird er großartige Dinge an dir und durch dich tun. Versuche, diese Zeit nicht einfach nur hinter dich zu bringen, sondern als ein Privileg zu schätzen. Du kannst Gott danken, bitten, erzählen, zuhören und auch einfach still sein. Zeit mit Gott zu verbringen, das kann so vielseitig sein, doch wir müssen es erst lernen. Selbst Jesus hat dreißig Jahre gebraucht, bis er schließlich bereit war, mit seinem Dienst zu starten. Er musste es lernen, absolut eng mit Gott verbunden zu sein, seine Stimme zu hören und vollmächtig zu beten. Es kann auch sehr hilfreich sein, dir Freunde zu suchen, die das gleiche Ziel wie du haben. Die „Stille Zeit" muss übrigens auch gar nicht still sein! Ich habe es mir zum Beispiel angewöhnt, immer laut zu beten und ich höre auch oft Lobpreismusik dabei.

Für mich schreit jede Seite in der Bibel förmlich danach, dass Gott sich nach einer Beziehung mit uns sehnt. Und das Gebet ist der einfachste Weg dahin. Wenn du bis jetzt nur langweilige Erfahrungen damit gesammelt hast, dann ist es vielleicht an der Zeit, neue Erfahrungen zu machen.

Bibelstelle:
Bittet Gott und er wird euch geben! Sucht und ihr werdet finden! Klopft an und euch wird die Tür geöffnet! (Matthäus 7,7)

Tipp des Tages:
Überleg dir doch mal selbst, wie viel von deiner Zeit am Tag du Gott schenken könntest.

Über mich:

Ich heiße Kyra Sievertsen, bin am 19.04.1993 geboren und studiere Theologie in Marburg an der Lahn. Ich bin gerne kreativ und aktiv und liebe es, zu tanzen und zu musizieren. Außerdem genieße ich es sehr, mich in neue Abenteuer auf Reisen, aber auch im Alltag zu stürzen. Meine E-Mail: kyra.sievertsen@icloud.com

Find dich in ihm

Kyra Sievertsen

Kennst du dieses Gefühl von tausenden von Fragen, die versuchen, sich immer wieder in deinem Kopf einzunisten, um dich von Zeit zu Zeit zu plagen? Kennst du dieses Gefühl, nicht zu wissen, wo du hingehörst, wo du dich hindenken sollst und wo du „Du" sein kannst, wo du „Du" sein möchtest? Kennst du das Gefühl von Heimatlosigkeit und dem Sich-Alleine-Fühlen, obwohl einen tausende von Menschen umgeben, die alle auf einer vermeintlichen „Alles-ist-wundervoll"-Wolke schweben? Kennst du das Gefühl, weglaufen zu wollen, einfach wie ein Fußball weggeschossen zu werden und ins nächste Tor zu rollen, um vielleicht dort einen Sinn zu finden? Kennst du das Gefühl, dich nicht gut zu fühlen, obwohl du eigentlich alles hast, was du brauchst, und doch ist es nicht genug, um dich zu vollenden und das wiederum auch zu deinen Gedanken zu senden? Ich weiß nicht, ob du das, was ich dir jetzt erzähle, schon einmal gehört hast. Ich weiß nicht, ob du dich bereits über eines dieser Dinge empört hast. Aber ich weiß, es gibt einen Gott, der dich liebt und der dich gemacht hat, und er lässt dich nicht hungern, sondern macht dich satt. Mit all seiner Liebe und all seiner Kreativität dachte er sich dich aus. Er packte dich in diese Welt voller Saus und Braus und gab dir eine Aufgabe und einen Sinn auf diesem blaugrünen Planeten. Er macht dich zu einem Bringer von Raketen der Nachricht des Erlösers, der verlorene Seelen retten will. Er hat dich damals geplant und jede Kleinigkeit durchdacht und fand dich letztendlich genauso, wie du jetzt bist, perfekt in deinen Begrenzungen, mit all deinen markanten Kennzeichnungen, richtig. Und es gibt Dinge, die sich nie ändern werden, denn wenn heute mal wieder keiner an dich glaubt, tut er es und raubt all den unsinnigen Gedanken und der Dunkelheit die Macht, weil er nämlich täglich über dich wacht. Und wie uns die ersten Frühlingssonnenstrahlen einhüllen mit Wärme, will er dich umarmen mit seiner Nähe. Und das, was ich dann in dir sehe, ist all die Schönheit, die er bereits in dich packte, die er liebevoll in seinen Gedanken zusammenformte und durch die jetzt viele Menschen Segen empfangen werden. Und dann wird auch wieder eins sein, was eins war – Scherben –, und du darfst dann heil werden in seiner Gegenwart und es wird egal sein, wer sich sonst noch um euch schart. Denn es wird nur euch geben und diesen Moment, der euch verbindet und nie mehr verschwindet. Und glaub mir, so wie ich das einmal erfahren durfte und niemals wieder vergaß, weil er ab dem Moment treu an meiner Seite saß, will er mit dir durchbrechen und neue Wege gehen, er will mit dir kämpfen und an deiner Seite stehen. Egal, wie dunkel und ausweglos es erscheint, und egal, was irgendwer anderes über dich meint – er wird bleiben und du wirst dich fallen lassen können an seiner Hand und er wird mit dir gehen bis an den äußersten Rand deiner tiefsten Verletzungen und deiner dunkelsten Geheimnisse. Und dort, wo er ist, wird keine Dunkelheit mehr sein, sondern nur noch sein dich auftankender Schein. Denn er gibt dir Identität und er ist die Person, die dich einlädt, zu ihm zu kommen, wann immer du bereit bist. Er will, dass du aufstehst und die ersten Schritte gehst und machst, dass du mit ihm weinst und mit ihm lachst, dass du frei werden kannst von deinen Gelüsten, denn er will anfangen, dich auszurüsten für ein Leben im Überfluss, und seine Berührung ist der sanfteste Kuss, den du jemals erhalten darfst, ohne Angst, dass du dich entlarvst. Steh jetzt auf und komm zu ihm, denn er wird dir ein Leben geben, dass deine Erwartungen übertreffen wird als dein dich leitender Hirt. Mach dich ans Öffnen dieses Geschenks heran und fang noch heute an, ihn nicht mehr aus deinem Herzen zu lassen, und ich sag dir, du wirst nicht fassen, wie wunderschön das Leben wirklich sein kann, wenn die richtige Person an deiner Seite ist. Denn auch wenn Probleme, Kämpfe und anderer Mist bestehen werden, wird es dein Herz sein, das sich verändert und das nicht mehr um die Traurigkeit des Alltags kreisen muss, weil es weiß, irgendwann ist damit Schluss, weil du einen Platz in der Ewigkeit hast und weil alles, was dort ist, nur Gutes fasst.

Bibelstelle:

Die ihn aber aufnahmen und an ihn glaubten, denen gab er das Recht, Kinder Gottes zu werden. (Johannes 1,12)

Tipp des Tages:

Lass dich doch einmal bewusst, auch bei den Kleinigkeiten, auf Gott ein und rede mit ihm über all die Dinge, die dir sonst in deinen Gedanken herumschwirren. Er wird dich verstehen und er kann auch aus der schlechtesten Situation etwas Gutes machen, wenn du es an ihn abgibst und wenn du dich entscheidest, sein Kind zu werden. Gib ihm den Raum, dich ganz neu zu berühren, und schränke ihn nicht ein, indem du erwartest, dass er wirkt, wie er es auch sonst tut. Denn dann kann Gott in all seiner Macht noch größer in dir werden und er wird dich ganz sicher überraschen.

Glaube mit Gehirn

Fossi Bäumer

Gut, dass die Menschen ein Gehirn haben. Stell dir mal vor, die Menschen hätten kein Gehirn! Dann gäbe es keine Schutzimpfungen, keine Dampfmaschine, keine Rechner für elektronische Plaudereien, keine Gemälde, Bücher, Gedichte und Kunstwerke. Gut, es gäbe auch keine Waffen, keine giftigen Chemikalien und keine miesen Regierungen – diese Dinge entstammen ebenso dem menschlichen Gehirn. Aber mal ehrlich: Wie würde eine Welt aussehen mit Menschen drauf, die keinen Grips haben? Alle würden tumb durch die Gegend latschen wie Zombies und sich ausschließlich um Nahrungssuche und Fortpflanzung bemühen (sofern diese Tätigkeiten vom vegetativen Nervensystem aus gesteuert werden können). Gut also, dass die Menschen ein Gehirn haben!

Und das gilt genauso – man soll es nicht für möglich halten – für fromme Menschen. Es ist gut, dass fromme Menschen ein Gehirn haben. Zugegebenermaßen verstehe ich den Herrn nicht immer ganz, aber ein bisschen verstehe ich schon von ihm. Und ohne Hirn im Kopf würde ich überhaupt nichts von ihm schnallen und wäre nichts weiter als ein frommer Zombie auf Nahrungssuche und mit Fortpflanzungstrieb. In der Bibel steht: Die Furcht des Herrn ist der Anfang der Erkenntnis (Sprüche 1,7). Das bedeutet allerdings mitnichten, dass nur Leute, die den Herrn cool finden, Erkenntnisse haben können. Jedenfalls gibt es auf der Welt eine Menge Leute, die überhaupt nicht an Gott oder irgendetwas glauben und trotzdem sehr kluge Kerle zu sein scheinen. Die können Sachen erklären und erfinden, von denen ich nicht einmal die blasseste Ahnung habe. Die Bibel will an dieser Stelle nur zum Ausdruck bringen, dass alle tollen Erkenntnisse, Erfindungen und Kunstwerke total bedeutungslos sind, wenn wir nicht mit dem Herrn zusammen sein wollen. Was nützt mir der abgefahrenste philosophische Ultra-Raff, wenn ich auf meinem Sterbebett liege und der Sensenmann an die Tür klopft?

Früher, im Zeitalter der sogenannten Moderne, das ungefähr in die Zeit bis nach dem Zweiten Weltkrieg reichte, kam der Mensch über logisches Denken und die Sammlung von Fakten zu Erkenntnis. Was logisch und nachvollziehbar und auch empirisch (also mit wissenschaftlichen Methoden) beweisbar war, das war die Wahrheit. Und einer bewiesenen Wahrheit musste man einfach Glauben schenken. Deshalb mussten die Christen in der Moderne auch fleißig Argumente, Fakten und logische Schlussfolgerungen für den Glauben an Gott finden. Konnte jemand diese Frage klug und gescheit darlegen, akzeptierten die Zuhörer oder Leser das als Wahrheit und glaubten an sie.

Heute ist das nicht mehr ganz so. Wir leben ja bekanntermaßen jetzt im Zeitalter *nach* der Moderne, also in der *Post*moderne. Dieser Übergang von einer Zeit in die andere wirkt sich unter anderem auch in Bezug auf das Thema dieses Artikels aus – nämlich *Glauben mit Gehirn*. Gelangte man früher über logisches Denken und Sammeln von Fakten zur Wahrheit, ist heutzutage *das* wahr, was ich erfahren habe oder was mir irgendwie einleuchtend erscheint. Ob irgendwelche Fakten dafür oder dagegen sprechen, ist letztlich zweitrangig.

Ein Beispiel: Ich war letztens auf einer Gartenparty, die von einer Freundin von mir gegeben wurde, die Sozialpädagogik studiert. Ich kam erst spät abends dazu, weil ich vorher noch eine Predigt bei einem Jugendevent gehalten hatte. Meine Bekannte stellte mich als Preacher vor und sofort entbrannte eine Diskussion über die verschiedenen Glaubensvorstellungen, die es auf der Welt so gibt. An einer Stelle sagte ich, dass der biblische Glaube so ziemlich die ältesten Vorstellungen der Menschen von Gott darstelle und bewahrt habe. Woraufhin ein Mädel sagte, dass die Lehren der Maya aber viel älter seien und viel gänsehauterzeugender (was heutzutage voll der Burner zu sein scheint gegenüber kaltem Faktenwissen und logischem Denken). Jedenfalls gab ich daraufhin zurück, dass die Blütezeit der Maya vom 6. bis 12. Jahrhundert nach Christus liegt und dass es folglich also gar nicht stimmt, was das Mädel bei der Diskussion einzubringen sich angeschickt hat. Der Angeredeten fiel buchstäblich alles aus dem Gesicht, sie wurde kreidebleich und mit untertassengroßen Augen voll Ungläubigkeit und Entsetzen flüsterte sie über den Tisch hinweg: *Aber du kannst doch nicht einfach sagen, dass ich Unrecht hab.* Doch, das kann ich.

Glaube muss in irgendeiner Form auch logisch sein. Ein Glaube, der vollkommen logisch ist, braucht kein Glaube zu sein – er ist Mathematik. Ein Glaube, der vollkommen unlogisch ist – und aller Fakten und archäologischer Funde entbehrt –, macht mich auch nicht gerade an. Er ist willkürlich und ohne Bedeutung für die Belange des Lebens und der Welt. Heute darf man alles glauben, Hauptsache, man findet es irgendwie cool, gänsehauterzeugend und prickelnd. Deshalb bleiben Fakten wichtig. Auch – und gerade – in der Postmoderne. Unser Glaube geht nicht auf in wissenschaftlichen Studien, aber wissenschaftliche Erkenntnisse stützen und ergänzen ihn. Einen Glauben, der total subjektiv ist und sich nicht um Fakten kümmert, finde ich hirnrissig. Und er wird auf Dauer auch nicht funzen. Aus diesem Grund finde ich es sehr schade, dass bei vielen frommen Leuten das Faktenwissen sehr unterentwickelt erscheint. Wer hat heute noch Ahnung von biblischer Archäologie, Datierungsfragen der Evangelien, historischen Argumenten für die Auferstehung von Jesus oder psychologischen Studien für oder gegen die geistige Gesundheit bei Christen?

In einem anderen Artikel würde ich darüber schreiben, wie wichtig Gefühle und Erfahrungen sind. Aber in *diesem* Artikel geht es darum, den Bordcomputer, den der Herr uns eingebaut hat, auch einzuschalten. Besonders, wenn in Gemeinden Machtspiele wichtiger sind als der Herr oder Menschen ungesund beeinflusst werden; oder wenn sonderbare Gefühle in einem hochsteigen und man sich dann fest auf die Aussagen verlassen kann, die der Herr uns in der Bibel zugesagt hat; oder bei Diskussionen mit selbst ernannten Alles-Schnallern; oder beim Lesen schlechter christlicher Bücher (die gibt es tatsächlich!) oder beim Anschauen mieser Dokumentationen über Bibel und Christen im Fernsehen. Aber wie kann ich das lernen? Wie kann ich meinen kleinen Bordcomputer mit den richtigen Programmen aufrüsten und updaten? Ein paar kleine Tipps:

viel lesen (fang zum Beispiel an mit *Pardon, ich bin Christ* von C. S. Lewis)
Leute, die schon viel gelesen haben, anlabern, anmailen oder zutexten
mitkriegen, was in der Welt passiert (Zeitung lesen und/oder Nachrichten gucken)
sich mal mit Leuten unterhalten, die eine andere Meinung haben oder einen anderen Frömmigkeitsstil

darauf hinarbeiten, ein reflektierter Mensch zu werden, der nicht alles gleich glaubt, sondern auch hinterfragen kann
den Herrn um Weisheit bitten

Dieser Artikel ist nichts für Logik-Fetischisten! Sondern für Verstand-Beäuger und Vernunfts-Phobiker. In der Bibel heißt es: *Liebe Gott, deinen Herrn, mit ganzem Verstand* (nach Markus 12,30). Auch mit den anderen Dingen, die da noch genannt werden. Aber der Verstand ist jedenfalls dabei.

Bibelstelle:
Liebe Brüder und Schwestern, seid, was eure Vernunft betrifft, doch nicht wie kleine Kinder, die nicht verstehen, was man ihnen erklärt! Im Bösen, darin sollt ihr unerfahren sein wie Kinder; in eurer Vernunft aber sollt ihr reife, erwachsene Menschen sein. (1. Korinther 14,20)

Tipp des Tages:
Schlag mal die Wörter *Verstand* und *Vernunft* in einer Bibelkonkordanz nach!

MANCHMAL WÜNSCHT' ICH, MEINE FREUNDE WÄREN EIN BISSCHEN INTELLIGENTER.
MUSTAFA LEGT SICH STÄNDIG MIT DEN FALSCHEN AN UND LANDET AM ENDE IMMER IM KRANKENHAUS.
WIE HAST DU MEINE MUTTER GENANNT !!?
KIM HAT ANGEFANGEN ZU RAUCHEN.
SIE MEINT DAS WÄR SEXY.
NIGHT LIFE
UND ACHIM HAT DIE KREDITKARTENINFOS VON SEINEM VATER AUF IRGENDSO'NER PHISHING-SEITE ANGEGEBEN, UM MEERSCHWEINCHEN PORNOS STREAMEN ZU KÖNNEN.
SLOTH 19 88
CHEEZ BALLZ
ALSO, ICH MAG EPISODE 1.
H MY LOB!
MEINE FREUNDE SIND NICHT DIE HELLSTEN UND MACHEN VIELE IDIOTISCHE SACHEN, ABER ICH MAG SIE TROTZDEM.
W. DOLLE 2016

Gott im Leid begegnen

Fossi Bäumer

Es gibt Leid in unserem Leben. Zerbrochene Beziehungen. Gedisstwerden in der Schule oder am Arbeitsplatz. Scheidung der Eltern. Unbeantwortete Liebe. Arbeitslosigkeit. Einsamkeit. Krankheit. Schwierige Lebensumstände, die sich einfach nicht ändern. Wenn wir als Christen dazu nichts zu sagen haben, sollten wir am besten gar nichts sagen. Wer immer und welche Weltanschauung auch immer zum Leid nichts zu sagen hat, sollte am besten gar nichts sagen. Mir geht es jedoch nicht um eine philosophische Betrachtung der Theodizee-Frage, also der Frage danach, wie ein allgütiger Gott das Leid in der Welt und in meinem Leben zulassen kann, sondern es geht mir darum, ob und wie ich Gott ganz persönlich in meinem Leid erfahren und erleben kann.

Mein größtes Leid war der Tod von meinem Dad. Er ist Weihnachten 2006 an Krebs gestorben. Meine Eltern haben sich scheiden lassen, als ich vier Jahre alt war. Als Kind und Jugendlicher habe ich ihn zweimal im Monat gesehen. Während meines Studiums in Marburg vielleicht drei bis viermal im Jahr. Mein

Dad hat sich nie sonderlich für mein Leben interessiert, zumal er handwerklich unterwegs war und ich ausgerechnet Theologie studiert habe. Ich hätte nie gedacht, dass mich das Leiden von meinem Dad und sein Tod so dermaßen mitnehmen würden. Im Januar 2007 war ich innerlich total leer. Es war so, als ob eine große dunkle Wolke in meinem Inneren wäre. Ich konnte nicht beten. Ich habe nicht Bibel gelesen. Ich hatte Glaubenszweifel. Mein Hauskreis hat für mich gebetet. Mein Hauskreis hat für mich mitgeglaubt in dieser Zeit.

Der Tod hat Macht über uns. Das Leid hat Macht über uns. Wir leben in Zerbrochenheit. Der Tod kommt einfach daher und schneidet das Leben ab. All unsere Pläne und Träume und Vorhaben werden mit einem Schlag zunichtegemacht. Wir fühlen uns ohnmächtig und hilflos. Alleine gelassen. Und auch Gott scheint fort zu sein. Der Tod hat Macht über uns.

Ende November 2006 war ich in Siegen bei einem Freund zu Besuch. Vorher bin ich bei meiner Oma zum Essen eingeladen gewesen. Da habe ich durch Zufall erfahren, dass mein Dad im Krankenhaus liegt. Mein Dad hat sich wie gesagt nie von sich aus bei mir gemeldet, aber meine Oma dachte wohl, ich hätte schon auf irgendwelchen Kanälen davon erfahren. Jedenfalls habe ich dann bei meinem Kumpel angerufen und gesagt, dass ich eine Stunde später kommen würde, weil ich vorher noch meinen Dad im Krankenhaus besuchen wollte. Nichts hätte mich auf den Anblick meines Dads vorbereiten können. Er war nur noch ein Schatten, abgemagert, kraftlos, ihm lief dauernd Wasser aus dem Mundwinkel, seine Augen waren hervorgequollen und er sprach mit einer unangenehmen Fistelstimme. Er hatte nicht mehr die Kraft, mir die Wasserflasche zu reichen. Der Anblick war dermaßen schrecklich für mich, dass ich dauernd meine Tränen zurückhalten musste. Ich bin dann schließlich auf die Krankenhaustoilette gegangen, weil ich nicht vor meinem Dad heulen konnte.

Im Februar 2006 hatte ich in Siegen gepredigt. Zu meiner Überraschung war mein Dad hingekommen. Er war seit seiner Konfirmation und Hochzeit in keiner Kirche mehr gewesen. Und jetzt, viele Monate später im Krankenhaus, sagte er zu mir: „Es ist gut, was du tust." Vorher hatte er das nie zu mir gesagt, kein einziges Mal. Mein Dad hatte mich in Marburg auch nie besucht, nicht einmal, als er bei seiner ersten Krebserkrankung einmal im Monat nach Marburg zur Behandlung musste. Und jetzt im Krankenhaus sagte er zu mir: „Es ist gut, was du tust." Und mein Dad wollte sich vornehmen, mich mal zu besuchen, wenn er wieder draußen wäre. Ob wir nicht mal eine Woche zusammen in Urlaub fahren wollten. Und übers Testament reden und so. Aber der Tod ist einfach gekommen und hat alles abgeschnitten. Der Tod hat Macht über uns. Es war das letzte Mal, dass ich meinen Dad gesehen habe.

Im Januar 2007 dann hab ich nirgends gepredigt, keinen Teenkreis gehalten und nicht einmal eine Andacht geschrieben. In mir war bloß eine große schwarze Leere. Im Februar 2007 habe ich im Rahmen meines Jobs wieder den ersten Jugendkreis gehalten. Und da ganz in der Nähe ein Jugendgottesdienst mit dem Thema „Warum lässt Gott Leid zu" stattfand, bin ich hingefahren. Die Leute dort hatten einen kleinen Film gedreht, in dem eine Mom Lungenkrebs kriegt, ein Mädchen vom Auto überfahren wird und ein betrunkener Dad seine Kinder verprügelt. Dann kam der Jugendpastor auf die Bühne und sagte: „Nicht wir fragen Gott, Gott fragt uns. Nicht wir klagen Gott an, Gott klagt uns an. Nicht wir stoßen Gott weg, Gott stößt uns weg. Dann wurde ein weich gezeichnetes Bild von einem Jesus am Kreuz gezeigt und der Jugendpastor verkündete: „Jesus ist für deine Schuld gestorben." Ich dachte nur: *Ich bin nicht schuld, dass mein Dad gestorben ist, was soll der Blödsinn?! Ich habe eine große schwarze Leere in mir und dieser Typ erzählt was von Sündenvergebung. Gott stößt mich weg? Na, ganz toll!*

Ich glaube, dass die Frage nach dem Leid und dem Zerbruch in meinem Leben nicht theoretisch beantwortet werden kann. Diese Frage wird auch in der Bibel nicht theoretisch abgehandelt. Das große Buch in der Bibel, in dem es um die Frage nach dem Leid geht – das Buch Hiob –, ist keine theoretische Abhandlung, sondern die Geschichte eines Menschen. Das Leben, die Erfahrungen eines Menschen, der zum Schluss erkennt, dass Gott selbst – die Beziehung zum Schöpfer und Vater im Himmel – die Antwort ist. Wir können die Frage nach dem Leid nicht in der Theorie beantworten, wir können nur Gott in unserem Leid begegnen. Genauso wie Hiob. Auch mir ist Gott in meinem Leid begegnet. Ich war trotzdem wochenlang außer Gefecht gesetzt. Aber Gott ist mir begegnet und hat mir gezeigt, dass er da ist.

Kurz vor Weihnachten 2006 war ich das ganze Wochenende als Verkündiger auf einer evangelistischen Jugendveranstaltung gewesen. Als ich Sonntagabend nach Hause kam, hatte mir meine Oma auf den Anrufbeantworter gesprochen, dass mein Dad gestorben war. Den ganzen Montag saß ich geistlos an meinem Schreibtisch, unfähig, irgendetwas zu tun. Da war nur Dunkelheit und Leere in mir. Abends bekam ich einen Anruf. Eine Frau aus Erfurt, aus einer Baptistengemeinde. Sie hatte in der vergangenen Woche in den „Lichtstrahlen" gelesen, das ist so eine Bibellesehilfe für jeden Tag. Und gerade in dieser Woche waren die Texte dran gewesen, die ich geschrieben hatte. Und da hatte Gott dieser Frau aufs Herz gelegt, mich mal anzurufen. Aber sie hat sich zweimal nicht getraut. Erst am Montagabend hat sie Gottes Impuls nachgegeben und mich angerufen. Sie sagte zu mir am Telefon: „Ich soll Ihnen von Gott sagen, dass es gut ist, was Sie tun." *Es ist gut, was du tust.* Das waren die letzten Worte von meinem Dad gewesen. Ich musste weinen und sagte der Frau, dass mein Dad gestern gestorben ist und dass das seine letzten Worte an mich waren: *Es ist gut, was du tust.* Da fing die

Frau auch an zu weinen. Wir haben eine halbe Stunde geredet und gebetet. Eine vollkommen fremde Frau, durch die mir Gott in meinem Leid begegnet ist. Das war Montagabend. Am Dienstagabend hatten wir Hauskreis. Und ausgerechnet für diesen Dienstagabend hatten wir einen Gast eingeladen. Eine meiner geistlichen Mütter, die Einkehrtage leitet und von der ich sehr viel gelernt habe. Mein Hauskreis hat mit mir geweint und mir die Hände aufgelegt. Eine gute Zeit.

Der Tod hat Macht über uns. Aber Jesus hat den schlimmsten Feind der Menschen besiegt. Jetzt hat der Tod noch Macht. Aber nicht für immer. Wenn Gottes neue Welt da ist, wird er keine Macht mehr haben und es wird kein Leid mehr geben. Wir können das Leid nicht erklären, aber wir können Gott darin begegnen. Wir können den Zerbruch in unserem Leben nicht wegzaubern, aber wir können uns gegenseitig beistehen. Wir können einander trösten, Mut zusprechen, besuchen, in den Arm nehmen, zuhören und die Leere aushalten. Wir können für Menschen beten, die nicht mehr beten können. Und manchmal auch nur mit ihnen schweigen, weil Worte zu wenig wären. Es ist eine schreckliche Zeit, die Zeit des Leidens, des Zerbruchs und der Trauer. Wir können den Geist Gottes einladen. Ist es ein Zufall, dass der Geist Gottes in der Bibel „Tröster" genannt wird?

Meine Oma hat sich gewünscht, dass ich die Beerdigung von meinem Dad mache. Dass ich die Predigt halte. Ich hab meinen Hauskreis gefragt, ob ich das machen soll. Ich hab's dann tatsächlich getan. Es war nicht einfach. Leid ist schrecklich. Der Tod ist etwas Furchtbares. Ich stand da, den Sarg vor Augen, in dem in diesem Moment mein toter Dad lag, und es war sicher das Schwierigste, was ich bisher in meinem Leben gemacht habe.

Manchmal schenkt Gott uns in unserem Leiden einen Lichtblick auf seine neue Welt. Manchmal tut Gott Wunder. Wunder sind eine Art Vorgeschmack auf das, was kommt. Wunder sollen uns daran erinnern, dass es irgendwann immer so sein wird – wundervoll. Wunder sind eine Gedächtnisstütze. Unser Vater im Himmel sagt dann zu uns: *Vergiss nicht, am Ende der Zeiten wird es immer so sein! Ich leide mit dir. Ich kenne deine Schmerzen. Ich kenne deine verwundete Seele. Halte durch! Ich möchte dich trösten, wie einen seine Mutter tröstet. Ich bin bei dir und lasse dich niemals allein.*

An dem Abend nach diesem schrecklichen Jugendgottesdienst im Februar 2007 hat mein Bruder seine Geburtstagsparty veranstaltet. Mir war zwar nicht nach Feiern zumute, aber es war die Party von meinem Bruder! Also bin ich hingefahren. Und um halb zwei Uhr nachts kommt plötzlich eine Frau rein, die meinem Dad ultra ähnlich sieht. Es hat sich herausgestellt, dass mein Dad eine Affäre hatte, als meine Mom mit meinem Bruder schwanger war. Aus dieser Affäre ist ein Kind hervorgegangen, unsere Halbschwester. Beide Familien haben das jedoch die ganze Zeit vor uns geheim gehalten. Durch den Tod von meinem Dad erfuhren mein Bruder und ich, dass es da noch eine erbberechtigte Person gab – unsere Schwester! Das Einwohnermeldeamt konnte nicht helfen. Schließlich ist mein Bruder auf einen Hinweis hin nach Freudenberg gefahren und hat unsere Schwester kennengelernt. Es hat sich herausgestellt, dass die beiden drei Jahre lang auf derselben Schule waren, ohne voneinander zu wissen. Und mein Bruder hatte Daniela auf seine Party eingeladen, mir aber nichts davon gesagt, weil es eine Überraschung sein sollte. Und das war es tatsächlich! Mit 35 Jahren lernte ich auf der Geburtstagsparty von meinem Bruder meine Schwester kennen. Ich hatte einen Dad verloren und eine Schwester geschenkt bekommen. Vermutlich hat Gott in diesem Augenblick mit ganz viel Mitgefühl gelächelt.

Bibelstelle:

Herr, du Gott über Himmel und Erde – richte uns, dein Volk, wieder auf! Wende dich uns in Liebe zu, dann sind wir gerettet! (Psalm 80,8)

Tipp des Tages:

Wo kannst du vielleicht Gott entdecken, wenn du auf schwierige oder traurige Situationen in deinem Leben zurückblickst?

Über mich:

Mein Name ist Ann-Katrin Schäfer, ich bin 23 Jahre alt und lebe seit einem Jahr in Marburg. Hier mache ich gerade am Marburger Bibelseminar eine Ausbildung zur Erzieherin und zur Jugendreferentin. Meine größte Leidenschaft ist die christliche Pfadfinder-Arbeit der Royal Rangers (www.royal-rangers.de). Wenn ihr noch mehr über mich wissen wollt, könnt ihr euch gerne bei mir melden unter: annkatrin@die5schaefers.de

Täglicher Kraftverlust

Ann-Katrin Schäfer

Kennst du das auch? Du kommst aus der Schule und deine Gedanken sind bei deiner besten Freundin. Sie hat dir von einer wirklich ernsten Sache erzählt, über die du jetzt schon den ganzen Tag nachdenkst. Und dann kommt deine Mutter und fragt dich, wie die Schule war, was du für Hausaufgaben aufbekommen hast, ob du irgendwelche Klausuren zurückbekommen hast. Als wäre das nicht schon genug, fängt sie an aufzuzählen, was du noch alles zu tun hast – dein Zimmer aufräumen, deinen wöchentlichen Teil der Hausarbeit erledigen (diese Woche ist das Katzenklo sauber zu machen, bäh) und lernen für die Arbeit am nächsten Tag. In solchen Situationen habe ich mir früher oft die Frage gestellt, ob es meine Mami überhaupt interessiert, wie es mir persönlich geht, mir als Mensch, nicht als Schüler. Merkt sie denn gar nicht, dass ich über wichtige Dinge nachdenke? Oft habe ich mich gefragt, ob das allen egal ist und ob ich damit alleine dastehe.

Meine Reaktion auf solche Situationen war es meistens, meine Mutter anzuschreien, dass ich grade anderes im Kopf habe und auch nicht zum Mittagessen kommen werde, dann hoch in mein Zimmer zu laufen, die Tür zu schließen – manchmal ein bisschen fester – und mich auf mein Sofa zu werfen und Musik zu hören. Später habe ich mich dann meistens entschuldigt, wenn ich mich wieder beruhigt hatte.

Aber das kann doch keine tägliche Situation sein, das kostet doch einfach zu viel Kraft und Zeit. Da muss es doch eine andere Lösung geben, damit es gar nicht erst so weit kommt. In der Zeit, in der unsere Eltern schwierig werden, müssen wir Rücksicht auf sie nehmen. Meistens sind sie mit der eigenen Situation überfordert und wissen keine andere Möglichkeit mit uns zu reden, außer diese „normalen" Themen anzusprechen. Wir sollten unsere Eltern unterstützen, indem wir versuchen, auf alle ihre Fragen wenigstens kurze Antworten zu geben. Das könnte beispielsweise so aussehen: „Hallo, die Schule war wie immer; meine Hausaufgaben mache ich nach dem Mittagessen; ich habe heute eine Vier in Mathe wiederbekommen, ja, ich hab mich auch darüber geärgert; ich muss noch über eine wichtige Sache nachdenken, bitte lass mir diese Zeit." Wenn wir unseren Eltern diese Antwort geben, werden sie vielleicht bemerken, wie viele Fragen sie uns eigentlich gestellt haben. Zum Abschluss könnten wir noch fragen, wie denn *ihr* Tag war, aber das reicht auch beim Essen, wenn man sowieso zusammensitzt.

Das hört sich jetzt in der Theorie so schön einfach an, aber das ist es nicht. Doch wenn es klappt, spart man unglaublich viel Zeit und Kraft. Probier es doch einfach mal aus, nimm es dir vor und hol dir noch jemanden dazu, der mitmacht. Zu zweit kann man sich gegenseitig daran erinnern und miteinander darüber sprechen. Ihr könnt euch dann zusammen überlegen, was gut geklappt hat und was ihr noch besser machen könnt. Ihr werdet sehen, dass ihr auf einmal viel mehr Zeit und Kraft für den restlichen Tag habt. Wichtig ist, dass ihr euren Eltern die Chance gebt, euch zu verstehen, in dem ihr sie mit reinnehmt in das, was gerade in euch vorgeht. Ein kurzer Hinweis – ich muss nachdenken, lass mich bitte allein – reicht dabei meistens aus.

Bibelstelle:

Seid in herzlicher Liebe miteinander verbunden, gegenseitige Achtung soll euer Zusammenleben bestimmen. (Römer 12,10)

Tipp des Tages:

Versuch dich doch einfach mal mit deinen Eltern zum Reden zu verabreden, anstatt es zwischen Tür und Angel abzuhandeln. Dann kann man erst mal zu Hause ankommen und hat Zeit, sich zu überlegen, was man wirklich erzählen möchte.

Über mich:

Ich heiße Janina Dück, bin 22 Jahre alt und mache in Marburg gerade eine Ausbildung zur Erzieherin und Gemeindepädagogin. Abgesehen von meiner Ausbildung beschäftige ich mich gerne mit Kunst und Kreativität, gehe ins Theater, trinke Tee mit Freunden und genieße es, unterwegs zu sein. Meine E-Mail: janina.dck@yahoo.de oder janinadueck@jimdo.com

Nach der Folge

Janina Dück

Nachfolge.
Dann reden plötzlich so viele um mich herum von Nachfolge.
Und ich frage mich, was das bedeutet.
Ich kenne Folgen.
Ich kenne Folgen einer TV- Serie.
Ich kenne das, wenn sich von Folge zu Folge etwas entwickelt und man die Charaktere immer besser verstehen kann, die Geschichte immer komplexer wird.
Ich kenne das, dass eine Serie genau dann endet, wenn man denkt, dass man sie jetzt selbst weiterschreiben könnte, weil man gerade alles so gut versteht.
Ich kenne das, wenn dann ein letzter Schlusssatz kommt wie „Alles war nur ein Traum" oder „Der Übeltäter ist gefunden und die Welt ist wieder heile".
Ich kenne Serienfolgen, die irgendwann alle aufhören.

Ich kenne Folgen, die Konsequenzen bedeuten.
Ich kenne Folgen, die ich erlebe, weil ich etwas gemacht habe oder nicht gemacht habe.
Ich kenne das, wenn ich ein Verbot bekomme, weil ich eine schlechte Note habe.
Ich kenne das, wenn ich zu Weihnachten genau das bekomme, was ich mir wünsche, weil ich etwas Gutes gemacht habe.
Ich kenne Folgen ... und manche davon will ich nicht kennen.
Manchmal wünschte ich, das Leben hätte weniger Folgen und nicht alles, was man im Leben tut, hätte eine Konsequenz.
Man passt einmal im Lateinunterricht nicht auf und kann die nächsten 3 Jahre nicht mehr mitreden.
Man ist einmal diese Freundschaft eingegangen und wird auf ewig diese Erinnerung daran mit sich tragen.
Ich kenne Folgen, die sich durch mein ganzes Leben ziehen und die eben nicht aufhören.

Ich kenne auch Verfolgungen.
Ich kenne Menschen, die aus ihrem Heimatland geflohen sind.
Ich kenne Verfolgungsjagden, wenn Täter gesucht werden.
Und ich kenne Menschen, die ihrem Traum folgen; Menschen, die üben, weil sie ein Ziel haben und eines Tages genau dieser Star oder Sportler oder Mensch sein wollen.

Und ich kenne das Folgen von Menschen auf Facebook, Twitter oder Instagram. Ich kenne das, wenn man immer mehr Follower sammelt, immer mehr Leute einen abonnieren. Ich kenne das, wenn man sich über jeden neuen Follower und jedes neue Like freut und das sehr bedeutend findet.

Aber neben all diesen Bedeutungen von „Folgen" höre ich Menschen von Nachfolge reden.

Menschen, die eben nicht nur folgen, sondern die nachfolgen. Menschen, die nach der Folge leben – dort, wo es eigentlich unerwartet endet und eine Serie einen Schlussstrich zieht, da geht es für sie scheinbar weiter.

Es gibt Menschen, die leben nach der Folge.
Sie folgen nach.
Sie folgen nach, weil sie glauben, dass das Leben nicht das Ende ist, sondern der Anfang.
Sie sprechen von der Ewigkeit, von dem Himmel, von einer neuen Welt.
Sie sagen, dass eine Entscheidung hier auf Erden eine Folge für das Leben nach dem Tod bringt.

Sie folgen Jesus nach.
Nicht nur ihrem Traum.
Nicht einem Täter, der gefunden werden muss.
Sie folgen jemandem nach, der vor Tausenden von Jahren gelebt und das Leben für immer revolutioniert hat.
Sie folgen jemandem nach, der ihnen sagt, dass das Leben einen Sinn hat und dass es Hoffnung auf mehr gibt.
Sie folgen nach ... und sie glauben an das Unmögliche ... sie glauben an die Ewigkeit.

Sie folgen nach, indem sie sich an dem orientieren, was Jesus gesagt hat.
Sie folgen nach, indem sie nicht mehr selbst entscheiden, sondern zu ihm beten und fragen, was der nächste Schritt ist.
Sie folgen nach, indem sie aufhören, selbst alles zu versuchen und die beste Folge für ihr eigenes Leben zu schreiben ... sie hören überhaupt auf, Folgen zu schreiben ... sie folgen nur noch nach!
Und was immer es bedeutet, ich möchte eine Nachfolgerin sein!

Ich möchte nicht, dass das Leben eines Tages einfach so, wie eine gute Serie, endet.
Ich möchte, dass es nach meinem Leben noch eine Folge gibt, die bis in die Ewigkeit läuft.
Ich möchte hier auf der Erde nicht auf der Flucht sein, nicht in einer Verfolgungsjagd stehen, ich möchte Jesus nachfolgen und in ihm Ruhe und Gelassenheit, meinen Platz und meinen Plan fürs Leben finden.
Ich möchte Jesus folgen, ich möchte ihn abonnieren, ich möchte ihn nicht nur in mein Instagram-Profil, sondern in mein gesamtes Leben integrieren.
Weil ja ... das scheint unmöglich zu sein, aber Jesus macht es möglich und lädt uns zu einem Leben für ihn, mit ihm, für die Ewigkeit ein.
Ich lebe – nach der Folge.
Ich lebe in einer Serie, die nicht endet.

Bibelstelle:

Er antwortete: „Für Menschen ist es unmöglich, aber nicht für Gott." (Lukas 18,27)

Tipp des Tages:

Stell dir vor, du bist ein Schauspielcharakter in einer deiner Lieblingsserien und dein Regisseur sagt zu dir: „Weißt du was? Ich hab mir was überlegt. Wir werden hier nicht aufhören zu drehen, sondern wir drehen noch eine Folge nach der letzten Folge. Und diese Folge nach der Folge, die spielen wir jetzt bis in die Ewigkeit."

Stell dir vor, jemand will dich so gerne in seiner Serie haben, dass er mit dir eine Folge für die Ewigkeit schreibt! Das mag unmöglich für dich erscheinen, aber Gott wünscht sich das für dein Leben. Er wünscht sich, dass es nicht eines Tages endet, sondern dass du auch nach dem Tod bei ihm sein kannst ... für die Ewigkeit.

Grenzen

Fossi Bäumer

Liebe Freunde, eine meiner Lebensweisheiten, die ich trotz meiner vergleichbar jungen Jahre verstanden zu haben glaube, lautet: Vieles im Leben ist ambivalent. Das heißt so viel wie: Man muss es von zwei Seiten aus betrachten, sonst verrennt man sich und es wird ungesund und einseitig. Mittlerweile bin ich sogar zur Überzeugung gelangt, dass es nicht nur viele Aspekte des Lebens und des Glaubens sind, sondern sogar die meisten. Wenn ich zum Beispiel über das Ausruhen predige, kann ich nicht einfach sagen, dass wir als Menschen eingeladen sind, uns auszuruhen. Dann würden nämlich alle Trantüten und Dauerpenner frohlocken und sich schläfrig und zufrieden zurücklehnen. Würde ich auf der anderen Seite sagen, dass Ausruhen nicht im Sinne Gottes ist, sondern dass wir aufgefordert sind, an der Verwandlung der Welt mitzuarbeiten, dann würden alle Arbeitswütigen und Nimmerruher noch mehr malochen und mit noch größeren Schritten auf das Burn-out zustiefeln.

Deswegen halte ich Predigten, in denen es um ambivalente Betrachtungsweisen geht, oft so, dass ich hin und her gehe, mal nach rechts, mal nach links. Dadurch wird deutlich, dass meine

Zuhörer sich entscheiden müssen, was Gott ihnen gerade sagen möchte. Ist es gesund, an diesem Tag eher die Herausforderung zu hören oder die Ermutigung? Natürlich habe ich damit keine unumstößliche Gewissheit, dass alle Zuhörenden das für sie Gesunde hören, aber zumindest muss ich mir nicht vorwerfen, einseitig gepredigt zu haben ...

Weswegen jetzt diese Vorrede? Es geht doch in diesem Artikel um Grenzen. Nun, ich glaube, dass es bei dem Thema Grenzen genauso ist: Wir müssen Grenzen ambivalent betrachten, damit wir nicht ungesund einseitig werden! Deswegen habe ich zwei Bibelverse genommen (auf die Idee hat mich übrigens Norbert Held, Inspektor des EGHN gebracht, den ich hiermit herzlich grüße, sollte er diese Zeilen jemals lesen), um deutlich zu machen, wie wichtig es ist, bei dem Thema Grenzen ambivalent zu denken. Und wenn du, der oder die du das hier gerade liest, ein visuell denkender Teil der Menschheit bist, lade ich dich ein, dir vorzustellen, ich stünde erst auf der rechten Seite von dir (deinem Bett, deinem Schreibtisch, dem Baum, unter dem du dieses Buch gerade liest) und dann auf der linken Seite. Zuerst geht es darum, eigene Grenzen zu überwinden, und anschließend darum, eigene Begrenzungen anzunehmen und mit ihnen zu leben. Was ist deine persönliche Herausforderung? Was möchte Gott dir in dein Leben hineinsprechen? Musst du auf Gott vertrauen und mit ihm ungesunde Begrenzungen und Selbsteinschränkungen überwinden oder stellt dich der Herr vor die Aufgabe, bestimmte Grenzen in deinem Leben zu akzeptieren und nicht wild und hysterisch gegen etwas anzukämpfen, was sich nun einmal nicht ändern lässt? Wenn du von deiner Persönlichkeit her eher dazu neigst, Dinge und Gegebenheiten hinzunehmen, lade ich dich ein, jetzt besonders Teil 1 des Textes zu lesen und darüber nachzudenken. Gehörst du mit deiner Persönlichkeit eher zu den Leuten, die sich unwohl dabei fühlen, etwas nicht ändern zu können, dann lade ich dich ein, besonders Teil 2 zu dir sprechen zu lassen. Wenn du dir nicht sicher bist, sprich mit Gott oder geh mit jemandem spazieren, der zehn Jahre älter ist als du.

1. Mit dir, mein Gott, kann ich über Mauern springen. (Psalm 18,30b)
Ich verstehe die Mauern an dieser Stelle allegorisch und nehme sie als Sinnbild für Grenzen, die mich einengen, mich aufhalten und mein Leben kleiner werden lassen, als es eigentlich der Fall sein müsste. Mit der Power Gottes kann ich diese Mauern, die mich einschließen, überspringen und der Enge entkommen. Mit meinem Gott kann ich das weite Land durchstreifen und muss nicht eingezwängt sein. Wenn mir als kleinem Menschen diese hohen Mauern um mich herum auch riesig und ultrahoch erscheinen mögen: Mit Gott an meiner Seite werde ich olympiareifer Hochspringer und bin imstande, mich in die Freiheit eines weiten Landes tragen zu lassen.

Welche Grenzen in deinem Leben sind eigentlich gar keine? Wo haben dir schlechte Vorbilder Grenzen eingeredet? Wo bist du durch deine Erziehung oder geistliche Prägung gebunden und eingeschränkt? Was in deinem Leben ist in Wirklichkeit kulturell oder durch dein Umfeld bedingt und nicht ein ewiges Axiom? Dieses Feld ist so weit, dass es mir schwerfällt, Beispiele aufzuschreiben. Es kann alles Mögliche sein, was einen Menschen begrenzt, was aber eigentlich ungesunde und selbst auferlegte Beschränkungen sind. Das kann die Vorstellung sein, immer alles über sich ergehen lassen zu müssen, oder der Gedanke, viele Dinge nicht tun zu können, weil die Begabung, die Zeit oder die Ausdauer fehlt. Es kann die Art sein, nicht richtig mit schwierigen Menschen umgehen zu können, oder die Unfähigkeit, mal einen Gammeltag einzulegen. Es kann die Antriebslosigkeit sein, die verhindert, dass ich endlich was an einer Lebens- oder

Freundessituation verändere oder durch die ich etwas nicht tue, was im tiefsten Inneren mein Wunsch oder mein Bedürfnis ist. Was es auch sein mag: Mit Gott kann ich über Mauern springen. Das hört sich cool an, oder? Das ist eine echte Verheißung, eine Wahnsinns-Einladung! Wo musst du in deinem Leben an Grenzen gehen, wo musst du Grenzen austesten und sie ein wenig mehr vorschieben? Wo musst du anfangen, deine Belastbarkeit zu überprüfen, mutiger zu werden oder dir nicht mehr alles gefallen zu lassen? Wo ist es an der Zeit, in deinem Glauben weiterzukommen oder deinen Charakter zu verändern?

Ich persönlich glaube, dass zwei Einsichten dafür nötig sind, sich von Gott mitnehmen zu lassen über die Mauern meines Lebens hinweg. Das ist einmal die Einsicht, dass ich sein geliebtes Kind bin. Ich bin Gottes geliebtes Kind. Gott hat Gutes im Sinn für mich! An Grenzen zu gehen, auch wenn's schwierig wird und wehtut, das ist das Abenteuer eines Geliebten. Damit hängt die zweite Einsicht zusammen: Nur ein leidenschaftliches Leben nimmt Grenzen nicht einfach hin! Also lass dich erfüllen mit Abenteuergeist und mit etwas, das gerade sehr out ist: mit Opferbereitschaft. Die eigenen Grenzen nach vorne zu schieben, kann auch bedeuten, dass ich aufgerufen bin, mich mehr für andere einzusetzen, auch mal über das gewöhnliche Maß hinaus zu arbeiten, zu helfen, mich einzubringen. Wo lässt du dein Leben einzwängen durch Mauern und Grenzen, die Gott nicht für dich im Sinn hat? Dann vertraue auf den Herrn, nimm all deinen Mut zusammen und spring mit ihm über diese Mauern drüber! Und glaube der Verheißung Gottes, dass es auf der anderen Seite der Mauer cooler ist. Dass dein Leben auf der anderen Seite vielleicht nicht immer einfacher und ruhiger sein wird, aber tiefer, bedeutungsvoller und von Gott für seinen Plan besser nutzbar – nämlich diese Welt zu verwandeln in das, was sie eigentlich mal sein sollte: ein Abbild des Himmels.

2. *Er schafft deinen Grenzen Frieden.* (Psalm 147,14a)
Auch an dieser Stelle verstehe ich die Landesgrenzen, um die es in dem Psalmvers geht, wieder allegorisch. Gott sagt: Ich möchte, dass du in deinen Grenzen Frieden erfährst. Grenzen, die uns Menschen auferlegt sind, nicht annehmen zu können, das ist ungesund. Ich habe neulich einen Film gesehen, in dem gezeigt wurde, wie Karriereleute mithilfe einer neuartigen Droge ununterbrochen auf höchstem Niveau arbeiten können: Ohne Limit (USA 2011). Mittels dieser Droge werden körperliche und intellektuelle Grenzen, die uns Menschen normalerweise gesetzt sind, aufgehoben. Letztlich verläuft der Film tragisch, weil wir als Menschen eben bestimmte Grenzen nicht ungestraft ignorieren können. Wo musst du dir von Gott sagen lassen, dass du gewisse Grenzen in deinem Leben akzeptieren musst? Wo will Gott dir vielleicht sagen: *Ich möchte, dass du Frieden schließt mit diesen Einschränkungen in deinem Leben.* Erst dann kann die Ruhe Gottes Einzug halten in dein Herz und ausstrahlen auf andere Menschen. Sonst bist du ein Mensch, der unausgeglichen ist, nicht in Balance mit sich selbst, nicht erfüllt mit dem Frieden Gottes.

Es gibt verschiedene Bereiche in meinem Leben, wo ich Grenzen einfach akzeptieren muss. Wenn ich das nicht tue, werde ich unzufrieden sein und kämpfe gegen etwas an, was nicht zu ändern ist. Musst du dich also einfach mit den Grenzen, die dir gesetzt sind, abfinden? Nein, noch mehr! Du musst dich damit anfreunden! Erst dann kann der Friede Gottes dein ganzes Herz ausfüllen. Ich selbst muss z. B. meine individuellen körperlichen Grenzen akzeptieren. Ich als Fossi werde niemals bei den olympischen Spielen als Spitzenathlet teilnehmen und auch nie Weltmeister im Gewichtheben werden. Ich habe mir letztes Jahr das Sprunggelenk gebrochen. Für den Alltag ist es zwar wieder heil und ich kann sogar wieder dancen, aber so wie vorher wird es nie wieder sein. Das muss ich akzeptieren. Ich muss mich mit meinem Körper anfreunden. Ich kann niemals gleichzeitig Schwergewichtsboxer und Apnoe-Taucher in einem werden. Ich kann niemals gleichzeitig Fußballeroberschenkel haben und Marathonläufer sein. Das geht nicht.

Wäre ich eine Frau, wäre es genauso: Ich müsste akzeptieren, dass ich einen ganz bestimmten Körperbau habe. Ich kann nicht gleichzeitig modelmäßig-hochgewachsen sein und zierlich-klein. Das geht nicht. Ich muss meine körperlichen Grenzen akzeptieren, sonst werde ich niemals glücklich sein können. Ich muss auch meine intellektuellen Grenzen akzeptieren. Ich als Fossi werde niemals ein so guter Dogmatiker werden wie meine Kollegen hier am MBS-Bibelseminar. Ich bin zwar nicht ganz blöd, aber dazu reicht's einfach nicht. Ich werde niemals einen Nobelpreis gewinnen. Ist auch nicht weiter tragisch, weil der Herr mir andere tolle Gaben geschenkt hat und ich weiß, was ich alles gut kann, und das ist nicht wenig. Dennoch muss ich akzeptieren, dass ich intellektuelle Grenzen habe. Ich habe in den 1990er-Jahren versucht, ein Buch von Albert Einstein zu lesen, und habe keine 10 Prozent davon verstanden.

Ich muss meine finanziellen Grenzen akzeptieren. Ich werde wahrscheinlich (sofern ich nicht im Lotto gewinne, wozu ich aber nichts beitragen kann) niemals eine Yacht besitzen oder in einem New Yorker Loft wohnen. Ich werde niemals einen Hummer besitzen (ich meine den amerikanischen Wagen und nicht das Tier) und vermutlich niemals zum Mond reisen können. Abgesehen davon, dass mir als Dozent für Spiritualität diese Dinge wirklich und ehrlich existentiell nicht wesentlich erscheinen, muss ich doch meine finanzielle Situation akzeptieren. Ich muss allerdings an dieser Stelle gestehen, dass mir diese Aufgabe von allen am leichtesten gelingt, weil ich finanziell absolut zufrieden bin mit meinem Gehalt. Für viele andere Menschen jedoch sind die finanziellen Grenzen, die ihnen gesetzt sind, eine Herausforderung.

Ich muss auch meine emotionalen Grenzen akzeptieren. Ich bin eigentlich ein recht ausgeglichener Typ, der sich selten aufregt und noch seltener ausfällig wird. Neulich bei unserem J-Camp, einem Zeltlager-Event vom EC-Hessen, für den ich die letzten zehn Jahre gearbeitet habe, habe ich eines Abends zwei Jungs rundgemacht. Wäre ich nicht unausgeschlafen und nervlich durch die Rolle des Gesamtverantwortlichen angespannt gewesen, hätte ich wahrscheinlich ruhiger reagiert als so. Ich habe mich noch am gleichen Abend bei den beiden Jungs entschuldigt, aber ich muss auch an dieser Stelle meine Grenzen akzeptieren. Manches in meinem Leben macht mich emotional platt und dann brauche ich zwei oder drei Tage, um wieder geradeaus gehen zu können. Ich kann das blöd finden, dass mich einiges so sehr aus der Bahn wirft, ändern werde ich es aber nicht können. So bin ich nun einmal gestrickt und das muss ich akzeptieren.

Es gibt Grenzen im Leben von uns Menschen. Die große charakterliche und auch geistliche Aufgabe besteht nun darin, zu entscheiden, an welcher Stelle ich endlich über Mauern hechten sollte und an welcher Stelle ich endlich meine Begrenzungen annehmen muss, anstatt ohnmächtig gegen sie anzukämpfen.

Mit meinem Gott kann ich über Mauern springen oder *Gott schafft deinen Grenzen Frieden* – was ist für dich persönlich dran?

Bibelstelle:

Diesen kostbaren Schatz tragen wir in uns, obwohl wir nur zerbrechliche Gefäße sind. So wird jeder erkennen, dass die außerordentliche Kraft, die in uns wirkt, von Gott kommt und nicht von uns selbst. Die Schwierigkeiten bedrängen uns von allen Seiten und doch werden wir nicht von ihnen überwältigt. Wir sind oft ratlos, aber nie verzweifelt. Von Menschen werden wir verfolgt, aber bei Gott finden wir Zuflucht. Wir werden zu Boden geschlagen, aber wir kommen dabei nicht um. (2. Korinther 4,7-9)

Tipp des Tages:
Wo kannst du heute eine Grenze akzeptieren und dich nicht mehr darüber aufregen und wo kannst du heute eine deiner Grenzen etwas weiter nach vorne schieben?

Über mich:

Mein Name ist Tamaya Hamm.
Mein Leben lang ...
... bin ich viel gereist und nutze dazu immer noch jede Gelegenheit.
... habe ich Bücher gesammelt und träume weiterhin von einer eigenen kleinen Bibliothek.
Meine E-Mail: tamaya_hamm@yahoo.de

In zehn Metern Höhe

Tamaya Hamm

Den ganzen Sommer über hatte ich um Veränderung gebetet. Ich wollte etwas Neues erleben. Ich wollte Abenteuer. Ich wollte Herausforderungen. Irgendwann wurde mir über Nacht klar, dass ich das nächste Jahr in Kanada auf einem Camp verbringen sollte. Es galt, schnell Entscheidungen zu treffen und noch einiges vorzubereiten. Kurze Zeit später flog ich bereits über den Atlantik mit der Erwartung an mich selbst, die kommenden Herausforderungen anzunehmen, zu wachsen und zu lernen.

In den ersten Wochen lernte ich viele neue Menschen kennen, gewöhnte mich an das Campleben, atmete alles Neue tief ein und erlebte es ganz bewusst. Mit den anderen Kursteilnehmern begann ich, die verschiedenen Aufgabenbereiche des Camps kennenzulernen. Dazu gehörte auch ein Hochseilgarten. Zu dessen Nutzung muss man den zehn Meter hohen Pfahl hochklettern, um die verschiedenen Elemente vorzubereiten.

Der Übungstag begann und ich hatte meine Höhenangst völlig verdrängt, denn immerhin wollte ich neue Herausforderungen annehmen und über mich selbst hinauswachsen. Entschlossen, dieses Ziel zu erreichen, zog ich die Ausrüstung an, ließ mir die Schritte erklären und begann zu klettern. Kein Problem. Ich gelangte ohne Schwierigkeit an die Spitze des Pfahls und wollte gerade eine sichere Arbeitsposition einnehmen, als mein Karabiner klemmte. Ich versuchte krampfhaft, den Karabiner zu öffnen. Meine Arme wurden müde, meine Beine begannen zu zittern und plötzlich wurde mir bewusst, in welcher Höhe ich mich befand. Ich wurde panisch und klammerte mich für gute zwanzig Minuten an alles, was mir sicher schien. Als ich es endlich nach unten schaffte, war ich aufgelöst und erschöpft.

In den darauffolgenden Tagen wurde ich immer wieder aufgefordert, es noch einmal zu versuchen. Schließlich entschied ich mich, zumindest zu klettern, ohne die Arbeitsposition einnehmen zu müssen. Stück für Stück erarbeitete ich mir im Laufe der Zeit den Umgang mit dem Zubehör, das Vertrauen in meine eigene Kraft und das Bewusstsein, zu mehr befähigt zu sein, als ich mir vorstellen kann. Kurz bevor ich Kanada verließ, picknickte ich mit einer Freundin auf dem Hochseilgarten – als Zeichen dafür, dass ich meine Angst überwunden hatte und mich dort oben sogar wohlfühlte.

Immer wieder stand ich vor solchen Herausforderungen. Teilweise waren sie rein physisch, teilweise aber auch sehr persönlich und emotional. Langsam fange ich an zu verstehen, was es bedeutet, zu Größerem berufen zu sein. Ich kann mehr, als ich mir zutraue, ich kann meine Ängste überwinden, ich kann Ziele erreichen, weil ich diese Kraft nicht in mir selber finden muss. Gott hat große Ziele für mich und er wird mich vorbereiten und führen, doch ich muss mich der Herausforderung stellen – es wagen, auch wenn es mir Angst macht.

Bibelstelle:
Alles kann ich durch Christus, der mir Kraft und Stärke gibt. (Philipper 4,13)

Tipp des Tages:
Vor welcher Herausforderung stehst du gerade? Was hält dich davon ab, den nächsten Schritt zu wagen? Vielleicht ist es heute dran, mal etwas Neues auszuprobieren.
Steck dir ein kleines Ziel für heute und ein etwas größeres Ziel für morgen. Und eines Tages wirst du merken, dass du mehr kannst, als du dir heute zutraust.

Über mich:

Mein Name ist Ruben Scheifling und ich bin 21 Jahre alt. Ich bin in einem christlichen Elternhaus aufgewachsen und habe eine Ausbildung zum Industriemechaniker abgeschlossen. Im September 2015 habe ich eine Ausbildung zum Erzieher/Jugendreferenten am Marburger Bildungs- und Studienzentrum begonnen. Meine Mailadresse lautet: ruben.7el@gmail.com. Schreib mir ruhig, wenn du zu meinem Beitrag noch weitere Fragen hast.

Sag Gott ehrlich, wie es dir geht

Ruben Scheifling

Ich bemerke immer wieder, dass viele Menschen, gerade auch Christen, eine komische Grundeinstellung haben. Es ist eine unausgesprochene Regel, dass jeder Christ immer fröhlich und gut gelaunt sein muss. Ich weiß nicht, wie es mit dir ist, aber ich bin nicht immer glücklich. Oft fehlt es mir an Mut, Zuversicht und Geduld. Sehr oft habe ich mit Hass und Wut zu kämpfen. Vor nicht allzu langer Zeit steckte ich wieder einmal in so einer Phase. Mein Herz war kein Stück erfreut und ich fragte mich, ob Gott mich vergessen hatte. Irgendwie ging alles den Bach hinunter. Und dann geriet ich auf der Baustelle an meiner Arbeit auch noch mit einem meiner Vorgesetzten in Streit. Den Kerl konnte ich ohnehin kein Stück leiden, weil ich ihn als Lügner und Heuchler kennengelernt hatte. Es dauerte keine Minute, bis mir der Kragen endgültig platzte. Ich habe ihn so stark angebrüllt, dass alle Lebewesen im Umkreis von zehn Kilometern zusammenzuckten, selbst die Pflanzen, so schien es mir. Auf dem Absatz machte ich kehrt, marschierte wutentbrannt weg und ließ diesen blass gewordenen Kerl zurück. Als ich aus der Halle war, warf ich hinter mir dieses riesengroße schwere Eisentor zu. Dann bemerkte ich aber, dass sich das Tor durch die Wucht des Aufpralls in den Rahmen gedrückt hatte. Alles war total verbogen und das Tor war nicht mehr zu öffnen. Zehn Minuten später kam ich dann mit einem Brecheisen und einem Hammer zurück, bog das Tor auf und richtete den Rahmen wieder gerade. Einige meiner Arbeitskollegen beobachteten mich ganz interessiert aus der Ferne. Ich wollte einfach nur noch alles kurz und klein schlagen. Und so jemand wie ich will sich Christ nennen? Wo war die Freude, die eigentlich in meinem Herzen sein sollte? Wo war mein Vertrauen auf Jesus? Bestimmt kennst du auch solche Situationen, in denen keine Sonne am Himmel zu sehen ist. Alles scheint so trüb und grau und du fragst dich, worin der Sinn besteht, morgen früh wieder aus dem Bett zu steigen. Fühlst du dich irgendwie zurückgelassen und vergessen? Der einzige Schlüssel, den es hierfür gibt, liegt im Gebet. „Jaja, Gebet. Von wegen." Wenn das deine Antwort ist, dann hast du nicht wirklich verstanden, was Gebet ist. Viele verbinden damit eine Formel, die man immer vor dem Essen sprechen muss. Oder diese fünf Sätze, die der Pfarrer in der Kirche vor sich her grummelt. Gebet ist oft leider nur eine formelle Sache, die an eine gewisse Ordnung und Struktur gebunden ist. Aber es ist nichts anderes, als ein einfaches Gespräch mit Jesus zu führen. Ständig sehe ich Leute, die sich verkrampfen, wenn sie beten, und fein säuberlich jedes einzelne Wort mit Bedacht auswählen. Aber im Gespräch mit Jesus kannst du einfach echt sein und frei heraus sagen, was dein Herz quält. Selbst wenn es keine schönen Dinge sind. In der Bibel finden sich manche Stellen, die man dort nicht vermutet. Zum Beispiel ein Gebet von David, das er im Buch der Psalmen niederschrieb: *„Beachte mein Gebet, o Gott, und wende dich nicht ab von meinem Flehen!"* (Psalm 55,2) In den nächsten Versen redet David dann von einigen Leuten, mit denen er gemeinsam in das Haus Gottes ging, über die er aber sehr zornig ist. Er betet zu Gott: *„Ohne Vorwarnung hole der Tod meine Feinde! Mitten aus dem Leben sollen sie gerissen werden, denn die Bosheit herrscht in ihren Herzen und Häusern."* (Psalm 55,16) Also er sagt im Grunde nichts anderes als: „Gott ich bitte dich, mach diese Leute nieder!" Das ist Ehrlichkeit! Klar, rühmlich ist dieser Wunsch nicht, aber er ist ehrlich und kommt aus seinem tiefsten Herzen. Verstell dich also nicht, wenn du mit Jesus redest, das bringt dich kein Stück weiter.

Es gibt noch weitere Tipps für das Gespräch mit Jesus. In Philipper 4,6 heißt es: *„Macht euch keine Sorgen! Ihr dürft Gott um alles bitten. Sagt ihm, was euch fehlt, und dankt ihm!"* Mach dir um nichts Sorgen! Warum? Weil du keinen Gott hast, der manchmal etwas müde oder nicht so recht bei der Sache ist. Nein, er ist allmächtig! Er hat alle Macht. Logischerweise gibt es somit für ihn kein Problem, für das er nicht die notwendige Kraft besitzt. Jedes Problem, das groß genug ist, dass du dich deswegen sorgst, ist groß genug, um es Jesus zu sagen. Der Vers aus dem Philipperbrief ermutigt uns, dass wir Gott eindringlich darauf hinweisen können, wo es in unserem Leben gerade brennt. Das ist noch ganz einfach. Schwieriger wird es da, wo es heißt, dass wir Gott auch danken sollen. Was, wenn du dich aber kein Stück danach fühlst, Danke zu sagen? Wenn du Gott nicht dankst, drückst du im Grunde genommen Undankbarkeit aus. Du nennst Gottes Handeln nicht gut und kritisierst ihn. Selbst, wenn du es nicht bewusst so ausdrückst. Aber Danke zu sagen, das ist eine Form von Gehorsam gegenüber Gott. Wenn du Gott dankst, dann lobst du ihn und bezeugst, dass er der Geber von dem ist, für das du dankst. Dank kann auch so aussehen: „Ich bin mit der Situation unzufrieden. Ich kann sie nicht ausstehen und würde am liebsten weglaufen. Aber, Gott, du bist allmächtig. Das erkenne ich an dem, was ich schon Gutes von dir bekommen habe. Und das ist der Grund, warum ich dir vertraue."

Viel Theorie, simple Anwendung: Vertrau darauf, dass Gott wirklich so groß ist, wie er es von sich selbst sagt. Sag ihm ganz ehrlich, was Sache ist. Und fokussiere dich nicht auf deine Sorgen und Ängste, sondern schau auf das Gute, das er dir gegeben hat, und bedanke dich dafür. Wenn du das gemacht hast, dann lehne dich zurück.

Bibelstelle:

Beachte mein Gebet, o Gott, und wende dich nicht ab von meinem Flehen! (Psalm 55,2)

Tipp für den Tag:

Wenn dich Sorgen beschleichen, dann sag nicht nur Gott, wie groß deine Probleme sind, sondern sag auch deinen Problemen, wie groß dein Gott ist!

Leute, die Stimmen hören

Fossi Bäumer

Meine lieben Freunde, ich möchte euch was aus meinem Leben erzählen. Davon, wie der Herr in mein Leben hineingeredet hat. Hört sich ziemlich abgedreht an, oder? Aber alles der Reihe nach ...

Meine Freunde und ich hatten eine recht turbulente Teen- und Jugendzeit. Da war viel Alkohol im Spiel und einige von uns hatten auch Sachen mit Drogen am Laufen. Bis zu dem Punkt, dass Freunde von uns im Entzug waren und eine Bekannte sogar an einer Überdosis gestorben ist. Daraufhin haben ein paar von uns eine Art Laberkreis gegründet. Da war ein Treffen an jedem Dienstagabend bei mir, wo wir uns zusammengehockt haben, um über das Leben nachzudenken. Ich hatte damals „Philo" (das war die Schüler-Abkürzung für Philosophie wie z. B. „Geschi" für Geschichte) in der Oberstufe und da haben wir irgendwelche krassen Texte gelesen und darüber gelabert und so.

Zwischenzeitlich musste ich mir irgendwie überlegen, was ich eigentlich nach dem Abi machen wollte. Ich wusste echt nicht, was ich mit meinem Leben anfangen sollte. Deshalb habe ich mir von einer Bekannten ein paar Bewerbungen schreiben lassen für kaufmännische Berufe, weil meine Bekannte gesagt hatte, das würde zu mir passen. Das war im Herbst 1989. Die ganze Zeit über lief immer noch unser Dienstag-Abend-Laber-Kreis. Da waren immer so 15 Metaller, Punks und andere Wahnsinnige, die sich um 20 Uhr vor unserem Haus versammelten. Um 21 Uhr gab's eine Raucherpause, wo sich alle wieder draußen hinstellten, um eine zu dampfen. Es dauerte auch nicht lange, bis meine Mom die ersten Anrufe von besorgten Nachbarinnen erhielt, die ängstlich fragten, was das denn für eine Verschwörergruppe langhaariger Bombenleger sei, die sich da wöchentlich bei ihr im Haus trafen, um wahrscheinlich finstere Pläne auszuhecken ... Meine Mom hat diese besorgten Nachbarinnen dann beruhigt, indem sie ihnen gesagt hat, dass ihr Sohn sich mit ein paar Leuten immer zum Philosophieren treffen würde.

Mittlerweile hatte ich bei unserem Laberkreis den Auftrag übernommen, mal was aus der Bibel vorzubereiten. Ist ja sozusagen Religionsphilosophie. Ich wusste noch aus dem Konfi-Unterricht, dass das Johannesevangelium am einfachsten zu lesen war, deshalb hatte ich gesagt, ich bereite mal drei Abende darüber vor. Da hockte ich mich also hin und las das Johannesevangelium durch. Ich weiß nicht, ob ihr, meine lieben Freunde, schon mal sowas gemacht habt, aber da kommt man ja ganz schnell vom Hölzchen aufs Stöckchen. Ich landete in anderen Evangelien, dann bei den Paulusbriefen, die ich echt mal kompliziert fand, und schließlich von da aus noch im Alten Testament, wo ich fast gar nichts mehr gerallt hab. Dann bin ich erst mal zu meinem Cousin getigert, von dem ich wusste, dass er so Bibel-Erklärungsbücher hatte (heute weiß ich, dass man die Dinger „Kommentare" nennt). Da drin habe ich dann bis spät in die Nacht hinein gelesen und mir Notizen gemacht und so. Und im Laufe von einigen Wochen ist mir immer klarer geworden: Wenn auch nur die Hälfte von dem stimmt, was da über Jesus geschrieben ist, dann wäre ich total verrückt, das nicht auszutesten! Zumal ich den Eindruck hatte, dass Jesus voll die Antwort darauf war, warum ich in meinem bisherigen Leben erst der Klassenclown gewesen war, dann ein Fremdwörterlexikon auswendig gelernt hatte und jetzt gerade stolz drauf war, nach zwei Flaschen Wein noch sechs große Bier zu schaffen, ohne umzufallen: Jesus war die Antwort auf meine Suche nach Anerkennung, Selbstwert und Zuneigung! Deshalb hab ich mich in diesen Wochen für den Herrn geöffnet (so nennen die Christen es manchmal, wenn man sagt: *Jesus, ich hab Bock, mit dir zu leben!).*

Das ganze Ding hatte natürlich zur Folge, dass ich jetzt nochmal anders über mein zukünftiges Leben nachzudenken begann. Da war ja jetzt sozusagen ein neuer Faktor in mein Leben gebeamt worden, der vorher noch nicht da war. Also hab ich angefangen, Jesus danach zu fragen, ob er irgendwelche Ideen für mein Leben hat, auf die ich bisher noch nicht gekommen war. Einige Zeit später, es war der 12. Januar 1990, ein Samstagnachmittag, ich ging gerade auf einem Nachdenk-Spaziergang durch den Wald, hatte ich so das Gefühl, dass da eine Stimme in mir drin wäre, die sagte: „Du solltest Theologie studieren." Auf der einen Seite fand ich das total cool, weil ich wusste, dass Jesus zum Beispiel im Johannes-Evangelium sagt, dass seine Leute seine Stimme hören werden (Joh. 10,27), auf der anderen Seite gibt es aber auch Menschen, die sich Stimmen einbilden oder die Stimme Gottes mit eigenen Wünschen oder Ängsten verwechseln.

Deshalb habe ich damals im Wald gesagt: „Okay, liebe Stimme in mir drin: Ich weiß, dass Leute, die Stimmen hören, im Allgemeinen ein bisschen weit durch die Kurve sind ... auf der anderen Seite, wenn du wirklich die Stimme von Jesus bist, wäre ich blöd, nicht darauf zu hören. Eine Zwickmühle. Lösungsvorschlag: Ich gebe dir eine Woche Zeit, um mir zu zeigen, dass dieses Stimmending in mir drin keine Einbildung war, sondern von ganz oben in mich hineingekommen ist." Ob ich das so wörtlich gesagt habe, weiß ich heute natürlich nicht mehr, aber ich weiß noch ganz genau, dass ich diese Deadline von einer Woche gesetzt hatte.

Was soll ich euch sagen, liebe Freunde, in dieser Woche kamen zwei Kumpels auf mich zu und meinten, ob ich denn wirklich sicher wäre, dass ich so einen kaufmännischen Beruf machen sollte. Zu mir würde doch irgendwas anderes besser passen. Brachte mich ins Nachdenken, war aber noch lange kein Beweis für die Richtigkeit dieser komischen Stimme. Doch der Hammer kam dann am kommenden Sonntag: Ich war ausnahmsweise mal in den Gottesdienst gegangen. Ich weiß ehrlich nicht mehr, warum. Der Sonntagmorgen hat nämlich das Problem, dass er direkt im Anschluss an den Samstagabend liegt. Und der war bei mir und meinen Kumpels immer ziemlich lang ... Jedenfalls war ich also ausnahmsweise in diesem Gottesdienst. Und ausgerechnet dieser Gottesdienst wurde gestaltet von einer Gruppe von Theologie-Studenten aus Marburg. Gab's meines Wissens nie vorher und auch nie wieder danach. Sehr sonderbar! War immer noch kein mathematisch wasserdichter Beweis für die Echtheit der Stimme, aber immerhin doch ein ziemlich deutlicher Hinweis ...

Mittlerweile hatte ich mich informiert, wo man überall Theologie studieren konnte. Ich war sogar zwei Tage lang Gastschüler auf einer Bibelschule gewesen. Allerdings hatte man mir dort gesagt, ich müsste erst mal Christ werden. Auf meine Beteuerung hin, dass ich doch schon Christ sei, sagte man mir: Wer so aussieht wie du, der ist kein Christ. Daraus zog ich zwei wichtige Erkenntnisse: Erstens waren Bibelschulen anscheinend nicht das Richtige für mich. Und zweitens gibt es offensichtlich Christen, deren Gehirn schon mal entrückt worden war.

Heute arbeite ich selbst als Lehrer an einer Bibelschule. Da hat sich offenkundig also etwas getan! Aber ich stand damals vor der Frage, ob ich an die Uni gehen und dort Theologie studieren sollte. Ich hatte immer schon in Englisch eine Fünf, was sollte das dann mit Hebräisch und Griechisch bloß werden – zwei Sprachen, die man fürs Theologiestudium braucht!? Immerhin war das eine weitere Möglichkeit herauszufinden, ob die Sache mit der Stimme pure Einbildung war oder nicht. Leute, die Stimmen hören ... Also mal ehrlich, liebe Freunde! Ich habe gehört, in Jerusalem gibt es ein psychiatrisches Krankenhaus, das hat eine Station, wo nur Leute drin sind, die sich für Jesus halten und andauernd irgendwelche Stimmen hören. Für Jesus hielt ich mich zwar noch nicht, aber ich hatte den Eindruck gehabt, eine Stimme wäre in mir drin gewesen. Zum Glück war es immerhin keine akustische Stimme gewesen. Nochmal Schwein gehabt!

Zurück zu der Möglichkeit herauszufinden, ob das wirklich Jesus war, der da was zu meiner Zukunftsplanung beizutragen wünschte: Ich ging nach dem Abi nicht gleich zum Studieren, sondern machte in den Sommerferien einen Hebräisch-Crash-Kurs in Siegen an der Uni. Da ich in Englisch, welches bekanntermaßen eine eher leicht zu erlernende Sprache ist, immer schon auf der Fünf rumhockte, war das ein wirklich gutes Testverfahren, ob ich für Theologie geeignet wäre oder nicht. Was normale Theologiestudenten in zwei Semestern lernten, schickte ich mich an, in sechs Wochen in mein Hirn reinzuprügeln. Und was soll ich euch sagen, meine lieben Freunde: Ich hab's geschafft und es hat sogar Spaß gemacht! Hebräisch ist wirklich eine sehr abgefahrene Sprache und es funzt total, eine Sprache zu lernen, die aus einem völlig anderen Kulturhintergrund kommt als die eigene. Ich habe dann noch mit Griechisch angefangen, das hat aber nicht so gut hingehauen. Da habe ich die Zeit einfach genutzt und bin arbeiten gegangen, um schon mal Kohle fürs Studieren in Marburg ranzuschaffen.

Im Herbst 1991 bin ich dann nach Marburg gezogen und habe

dort angefangen, Theologie an der Uni zu studieren. War bisweilen etwas bizarr, was einem die Profs da erzählt haben, aber ich habe ein gutes Handwerkszeug fürs theologische Arbeiten mitgekriegt. Meine Heimatgemeinde damals war der Christus-Treff in Marburg. Da habe ich viel mitgearbeitet, war in einem Hauskreis und konnte viel lernen und an meiner noch recht unreifen Persönlichkeit arbeiten. Während meiner Zeit in Marburg wurde mir dann klar, dass der klassische Pfarrer nicht so das Berufsbild war, in das ich entsprechend meiner Gaben gut hineinpasste. Deshalb habe ich dann während des Hauptstudiums noch Pädagogik und Psychologie studiert, um mehr Möglichkeiten nach dem Examen zu haben. Nachher war ich erst ein Jahr lang Jugendreferent in einer Evangelischen Gemeinschaft in Bebra (Osthessen) und anschließend Landesjugendreferent beim EC hier in Hessen. Jetzt arbeite ich als Dozent am Marburger Bibelseminar und unterrichte Geistliches Leben, Altes Testament und Kirchengeschichte.

Ich kann nicht sagen, was aus meinem Leben geworden wäre, hätte ich damals die Stimme in mir drin in den Wind geschlagen. Vielleicht hätte ich irgendeinen Job angenommen, in dem der Herr meine Gaben nicht so super hätte benutzen können. Oder vielleicht hätte der Herr auch andere Möglichkeiten gefunden, mich auf meinen Weg zu bringen. Wer weiß das schon?! Ich glaube heute, dass der Herr mit allen Menschen arbeiten möchte, damit seine neue Welt hier auf der Erde sichtbar wird. Manchmal ist sein Plan mit einem Menschen sehr konkret, manchmal ist er eher allgemein. Die Gefahr bei solchen Geschichten, wie du sie gerade liest, ist natürlich, dass man irgendwann glaubt, sie seien der Normalfall. Und wenn man das selbst nicht so erlebt, dann würde irgendetwas bei einem nicht stimmen. Aber: Solche Geschichten stehen in solchen Büchern, weil sie besonders sind, nicht weil sie der Normalfall sind. Mit vielen Menschen arbeitet der Herr weniger spektakulär und trotzdem ist ihr Leben ein Segen für viele andere Menschen. Ich kann im Rückblick nur sagen: Sei mutig und sei offen dafür, dass der Herr dein Leben benutzt, damit seine neue Welt sich hier ausbreitet. Ob dann etwas passiert, was irgendwann in einem Buch drinsteht, oder nicht, das ist egal. Ich glaube aber, dass ein Leben, das offen ist für Gottes Einwirken, auf jeden Fall von Bedeutung sein wird. In irgendeiner Form wird es abenteuerlich sein und in die Tiefe gehen. Danke, dass du dir Zeit genommen hast, meine Geschichte zu lesen!

Bibelstelle:

Danach hörte ich den Herrn fragen: „Wen soll ich als Boten zu meinem Volk senden? Wer ist bereit zu gehen?" Ich antwortete: „Ich bin bereit, sende mich!" (Jesaja 6,8)

Tipp des Tages:

Was könnte dein Ding fürs nächste Jahr ab heute sein? Ein Motto vielleicht, ein Thema, eine Veränderung in deinem Charakter, etwas, das du mit Gott erleben willst? Frag Gott in der nächsten Woche danach!

Über mich:

Ich heiße Luisa Predieri, bin im September 30 geworden und komme aus Italien. Ich besuche zurzeit mein 3. Jahr am Marburger Bibelseminar und freue mich, Erzieherin und Gemeindepädagogin zu werden! Meine E-Mail: marylu.pred@virgilio.it. Facebook: Marialuisa Predieri.

Mit Winterklamotten am heißen Strand

Marialuisa Predieri

Ohne dass es mir bewusst war, stand ich am heißen Strand mit Wollmütze, dickem Schal, Wollsocken und Wanderschuhen ...

Wahrscheinlich fragt ihr euch: „Wie hast du das ausgehalten und warum hast du dich am Strand überhaupt so angezogen?" Ich gebe euch recht. Als Italienerin sollte man mit Meereswetter vertraut sein und sich schon ein bisschen besser auskennen. Naja, wie gesagt, mir war es nicht bewusst, sonst hätte ich es nicht gemacht. Mit diesem symbolischen Bild möchte ich euch einen Einblick in einen wichtigen Zeitabschnitt meines Lebens geben.

Obwohl ich in einer christlichen Familie geboren und aufgewachsen bin, regelmäßig in die Kirche ging und in der Kirche engagiert war, war ich nicht gläubig. Das ist auch eine Sache, die mir nicht bewusst war, da ich tatsächlich glaubte, Christ zu sein. Doch in dem von mir geliebten Deutschland hat sich mein Leben dann ziemlich verändert. Neben meinem Masterstudium her habe ich tolle Menschen kennengelernt, die wahrhaftig an Gott glaubten und ihr Leben mit Freude und Freiheit an ihm ausgerichtet haben. Was sich anfangs komisch anfühlte, wurde in den zwei Jahren bei der SMD, einer christlichen Studentengruppe, spannend und lebendig. Nach vielem Hinterfragen, Austauschen und Bibellesen kamen aus meinem Mund die ersten aufrichtigen Gebete zu Gott. Damals war es mir gar nicht so richtig bewusst, was in mir passierte, vor allem in meinem Herzen. So begann ich vor ungefähr fünf Jahren, Gott näher kennenzulernen. Und wie in vielen guten Liebesgeschichten bin auch ich durch unterschiedliche Phasen gegangen. Erst habe ich Jesus kennengelernt; danach habe ich mich entschieden, eine Beziehung mit ihm anzufangen; mein Vertrauen zu ihm hat sich nach und nach entwickelt und jetzt versuche ich, mich von ihm führen zu lassen.

Das alles hört sich so einfach und unkompliziert an, aber so war es nicht. Es war ein langer Prozess mit Höhen und Tiefen. Dieser Prozess fühlte sich so an, als würde Gott mich auf eine Reise mitnehmen. Es war toll: Viele neue Erlebnisse, neue Orte und neue Menschen. Auch auf dieser Reise war es mir nicht bewusst, wo ich eigentlich hingehen würde oder hingehen wollte. Langsam aber fing ich an zu realisieren, dass Gott ein bestimmtes Ziel für meine Reise hatte und mich dahin führen wollte. Mir wurde immer klarer, dass ich entweder mit ihm in die gleiche Richtung gehen oder meiner eigenen Richtung folgen konnte. Gute Gespräche, Gebete aus vollem Herzen und die Offenheit, Gott in mein Leben hineinsprechen zu lassen und ihm zuzuhören, haben mir bei der Entscheidung sehr geholfen. Ich wusste, dass ich mit Gott auf die Reise gehen wollte – doch dabei bemerkte ich nicht, dass ich noch nicht hundertprozentig dazu bereit war.

Während dieser Reise mit Gott kam ich eines Tages an einem schönen, sonnigen Strand vorbei. Und ich stand da, froh und erwartungsvoll ... aber mit den falschen Kleidern! Wollmütze, dicker Schal, Wollsocken und Wanderschuhe ... es fehlte mir nur eine Ski-Brille! Wie peinlich ist das denn!? Ja, ich war tatsächlich nicht bereit. Würdet ihr vielleicht eine Reise zum Strand unternehmen, voll winterlich gekleidet? Naja, man kann es zwar tun, aber das würde die Reise nicht sonderlich angenehm machen, oder? Ohne dass es mir bewusst war, stand ich am heißen Strand mit Wollmütze, dickem Schal, Wollsocken und Wanderschuhen ... und entschied mich, sie auszuziehen, um ganz frei für mein neues Leben auf dieser Reise mit Gott zu sein.

Bibelstelle:

Lasst uns alles ablegen, was uns in dem Wettkampf behindert, den wir begonnen haben – auch die Sünde, die uns immer wieder fesseln will. Mit zäher Ausdauer wollen wir auch noch das letzte Stück bis zum Ziel durchhalten. Dabei wollen wir nicht nach links oder rechts schauen, sondern allein auf Jesus. Er hat uns den Glauben geschenkt und wird ihn bewahren, bis wir am Ziel sind.
(Hebräer 12,1-2)

Tipp des Tages:

Jeder von uns befindet sich auf einer Lebensreise. Denk darüber nach, was du auf deiner Lebensreise im Moment trägst. Passt diese „Kleidung" zu deinem Leben und Lebensziel? Überleg dir, ob du etwas davon ausziehen kannst oder sogar etwas Neues auf deiner Reise tragen kannst.

Haushalterisches Leben

Fossi Bäumer

Wenn ich an Haushalterschaft denke, kommen mir Wörter in den Sinn wie Geld, Zeit, Ressourcen. Und die Frage, wie ich als Mensch mit den guten Gaben Gottes in guter Weise so umgehen kann, dass ich sie nutzbringend für andere einsetze. Ich bin eingeladen, mich als Verwalter dieser guten Dinge zu sehen, die Gott in mein Leben hineinlegt und mir zur Verfügung stellt.

Ich möchte in meinem kurzen Text zu diesem Thema aber noch einen Schritt weitergehen: Manche Christen und Christinnen sehen Gott bloß als zusätzliche Versicherung für ihr Leben. Sie denken: *Menschen, die Gott nicht kennen, haben weltliche Versicherungen gegen Arbeitslosigkeit, Krankheit und andere Schicksalsschläge des Lebens. Wir Christen aber haben darüber hinaus noch Gott. Und wenn wir anständig leben und seine Regeln befolgen, dann ist er unsere göttliche Versicherung.* Bei diesem Denken ist der Blick sehr stark auf den Menschen selbst gerichtet. Im schlimmsten Fall wird Gott unbewusst instrumentalisiert zum Zwecke unseres gutbürgerlichen Wohlbefindens.

Andere, schon etwas frommere Christen und Christinnen fragen: „Was ist der Wille Gottes für mein Leben?" Hört sich auf den ersten Blick in der Tat frommer an. Aber einen Augenblick, liebe Freunde! Was heißt denn hier „der Wille Gottes für *mein* Leben"? Als Christ geht es doch gar nicht um *mein* Leben. Ich bin doch mit Jesus gestorben und jetzt Teil seiner neuen Welt. Nicht mehr ich, sondern Jesus lebt in mir, schreibt Paulus. Die Frage „Was ist der Wille Gottes für mein Leben" ist demnach gar nicht so fromm, wie sie sich zuerst anhört (obgleich gesünder, als Gott zum religiösen Versicherer meines Lebens zu machen). Vom Neuen Testament her müsste ich die Frage anders formulieren: *Wie kann ich mein Leben so einsetzen, dass sich der Wille Gottes erfüllt?* Damit ist der Blick weg von mir selbst und hin zu Gott gerichtet. Nicht mehr ich und meine Bedürfnisse, Wünsche und Sehnsüchte stehen im Mittelpunkt des Weltgeschehens, sondern der Wille Gottes für die Welt. Der Wille Gottes ist es, *dass allen Menschen geholfen werde* (das ist sicherlich nicht ausschließlich im übertragenen Sinne gemeint, sondern auch ganz praktisch und materiell) *und sie zur Erkenntnis der Wahrheit kommen,* sagt das Neue Testament. Das bedeutet: Ich setze nicht nur meine Gaben, Mittel und Möglichkeiten haushalterisch für Gott ein, sondern mein Leben als solches. Mein Leben als Ganzes ist ebenfalls eine gute Gabe Gottes, die ich einsetzen und verwalten kann. Das ist nur dann möglich, wenn ich Teil einer Geschichte bin, die größer ist als ich selbst. Sonst kann ich nicht bereit sein, mein Leben hinzugeben. Ich werde keine Opfer bringen und nicht an meine Grenzen gehen. Ich werde nicht bereit sein, Leiden auf mich zu nehmen, meine Bedürfnisse zurückzustellen, anderen Menschen das Beste zu wünschen und um ihr Wohlergehen besorgt zu sein.

Ich glaube, dass manche Christen und Christinnen Schwierigkeiten damit haben, sich und ihr Leben in die große Geschichte Gottes einzuordnen. Deshalb leben sie im Mittelmaß oder neigen sogar dazu, sich selbst und ihr Wohlbefinden zum Maß aller

Dinge zu machen. Dann wird Gott zum religiösen Garanten meiner zufriedenen Bequemlichkeit. Doch erst wenn ich es schaffe, Gottes großes Bild vor mir zu sehen, eine riesige Fläche aus unzähligen Mosaiksteinen, kann ich anfangen, mein Leben als einen dieser Mosaiksteine anzusehen, die Gott benutzt, um sein ultra-cooles Megabild zu entwerfen – nämlich seine Geschichte mit der Welt, die auf eine Party am Ende der Zeiten hinausläuft. Ich glaube in der Tat, dass es wichtig für mich ist, mir das immer wieder klarzumachen. Ich lebe in einer Welt, in der es nicht einfach ist, diese Sicht in gesunder Weise aufrechtzuerhalten. Zu individualistisch, egozentrisch und selbstverliebt ist die Welt, in der ich lebe. Aber wenn ich mir den Blick nicht erhalte, dass ich eingeladen bin, mein Leben als solches als Mosaikstein im großen Bild Gottes zu sehen, falle ich schnell zurück in das Leben mit einem religiösen Versicherer-Gott oder zumindest in die Frage, was denn der Wille Gottes für *mein* Leben ist. Ich selbst möchte mir aber bewahren, dass ich fragen kann: *Wie kann ich mein Leben einsetzen, dass sich der Wille Gottes erfüllt?*

Ich hab letztens im Unterricht ein Beispiel erzählt, um deutlich zu machen, dass es notwendig ist, dass ich diesen Blick immer wieder zurückgewinne. Ich kann diese Lebenseinstellung nicht konservieren oder wie einen Pokal ins Regal stellen. Mein Alltag hat ein natürliches Gefälle weg von dieser Lebenssicht. Mein Alltag ist wie eine schiefe Ebene. Mein Leben als solches haushalterisch einzusetzen, diese Überzeugung, dieser Entschluss muss immer wieder neu gefasst werden. Ich kann ihn nicht irgendwo „hinlegen", denn dann rutscht er mir automatisch weg, weil mein Alltag eine schiefe Ebene ist. Nun zu dem Beispiel. Ich selbst bin ultra großer Fan von *Herr der Ringe* und schaue mir alle drei Teile einmal pro Jahr an (natürlich in der *„Extended Version"*). Kein Fan vom *Herrn der Ringe*? Kein Problem! Stell dir einen anderen großartigen epischen Film vor, der dich mitgerissen und gefesselt hat. Irgendeine wahnsinnige Geschichte, die dich in den Bann gezogen hat, die größer war als du selbst, die so groß war, dass dein Leben darin Platz gefunden hat.

Nun stell dir vor, du sitzt nach dem Film noch im Kinosaal. Deine Nackenhaare sind immer noch aufgerichtet. Es kribbelt noch in den Fingerspitzen und du bist wie elektrisiert. Dann schreitet Gandalf durch den Mittelgang – der weiße (und weise) Zauberer. Er stellt sich zu dir hin, legt seine Hand auf deine Schulter und sagt in tiefer angenehmer Stimme: *Willst du den Ring nach Mordor tragen?* Sofort sagst du, ohne zu überlegen: *Na, klar, Mann! Her mit dem Ring! Ich bringe ihn nach Mordor. Ich verspeise Nazgûl zum Frühstück, Orks erledige ich mit links und Sauron kriegt ganz gewaltig ein paar aufs Maul von mir!* Und dann gehst du los.

Jetzt stell dir vor, es sind seit dem Kinobesuch drei oder vier Tage vergangen. Du bist zurück im Alltag. Der Trott, der Stress hat dich wieder. Abends bist du erschöpft in deinem Wohnzimmer, als es an der Tür klopft. Du machst auf und vor dir steht Gandalf, der Zauberer. Er lächelt dich an und sagt: *Willst du den Ring nach Mordor tragen?* Du siehst vor deinem inneren Auge die Welt von Mittelerde wiedererstehen und ein Anflug von Elektrizität kribbelt in deinen Fingerspitzen. Aber dann siehst du auch die ganzen Dinge, die du noch erledigen musst. Dein Alltag, die reale Welt um dich herum. Und du sagst zu Gandalf: *Na gut. In Ordnung. Aber wie lang soll das denn dauern? Ist für Verpflegung und Unterkunft gesorgt? Hab ich genügend bewaffnete Begleiter dabei? Wann werde ich zurück sein und wie viel springt da eigentlich raus für mich?*

Und als Letztes stell dir vor, dass seit dem Kinobesuch drei Wochen vergangen sind. Die Geschichte um Frodo und den Ring der Macht ist nur noch eine leise, entfernte, nebelhafte Erinnerung in deinem ansonsten stressigen Alltag. Du kannst dich erinnern, dass du damals ein Kribbeln in den Fingerspitzen gespürt hast, aber das Kribbeln selbst fühlst du nicht mehr und vielleicht war es ja doch nur Einbildung. Als du gerade ausgelaugt in deinem Zimmer vor dem Fernseher sitzt, wo dir gerade jemand sagt, was du kaufen und erfahren musst, damit dein Leben so richtig geil wird, klopft es an der Tür. Gandalf steht da. Er lächelt dich an und fragt: *Willst du den Ring nach Mordor tragen?* Du sagst etwas lustlos: *Welcher Ring? Was ist noch gleich Mordor? Und wer bist du komischer Kauz überhaupt?*

Ich glaube, dass das eine Erfahrung ist, die wir alle irgendwie nachempfinden können. Und genau deswegen ist es wichtig, dass ich mir meine Blickrichtung wachhalte, mein Leben als Teil des großen Mosaikbildes Gottes zu sehen und nicht Gott als Glücklichmacher und Wunscherfüller meines Lebens.

Wir können das Beispiel leicht auf Jesus anwenden. Stell dir vor, du sitzt in einem Gottesdienst. Die Predigt war der Hammer an Vollmacht, die Lobpreiszeit der absolute musikalische Voll-Burner und du sitzt mit kribbelnden Fingerspitzen da und weißt: Du hast gerade einen Blick in die Welt Gottes geworfen. Gott selbst hat dich angerührt. Es ist ein durch und durch heiliger Augenblick, den du gerade erlebst.

Nun stell dir vor, Jesus geht durch den Mittelgang und kommt direkt zu dir hin. Er trägt ein leuchtend weißes Gewand und lächelt dich mit freundlichen Augen an. Er sagt zu dir: *Willst du dein Leben für mich einsetzen?* Und du sagst sofort und voller Begeisterung: *Na klar, Mann! Du sollst mein Leben haben, Herr. Ich stelle dir mein Leben zur Verfügung. Mach damit, was du willst, Hauptsache, der Wille Gottes erfüllt sich und mein Leben wird ein Teil des übercoolen Mosaiks, das Gott da bastelt.*

Drei, vier Tage später, du sitzt erschöpft in deinem Zimmer, klopft es an der Tür. Als du aufmachst, steht Jesus da und lächelt dich warmherzig an. Er fragt: *Willst du dein Leben für mich einsetzen?* Du kratzt dich am Kopf und sagst nach einem Augenblick des Überlegens: *Na schön, Herr. Ich mach aber keine zu wilden Sachen, nichts allzu Unvorhergesehenes oder Überraschendes. Und dafür krieg ich doch auch die Zusage, dass dann alles gut geht in meinem Leben, oder?*

Drei Wochen später schickst du Jesus weg, weil du noch tausend Hausaufgaben erledigen musst, den Müll rausbringen, den Rasen mähen, das neue *Call of Duty* zu Ende zocken und gar nicht mehr so genau weißt, wer dieser Sandalen-Typ ganz in Weiß überhaupt ist ...

Manchmal glaube ich, dass viele Christen und Christinnen deshalb nichts Aufregendes mit Jesus erleben, weil sie ihn als Teil *ihres* Lebens ansehen und nicht ihr Leben als Teil *seines* Mosaikbildes. Ich bin eingeladen, haushalterisch zu leben. Ich kann Geld, Mittel, Zeit und Energie für die guten Zwecke Gottes verwalten und einsetzen. Und das gilt auch für mein Leben als solches. Erst, wenn ich diese neue Sichtweise gewinne, kann ich auch mal Opfer bringen oder an meine Grenzen gehen. Erst dann frage ich nicht dauernd danach, was es *mir* bringt und was *ich* davon habe, dass ich Christ werde. Erst dann ist mein Leben Teil einer Geschichte, die größer ist als ich selbst. Das ist immer wieder eine neue Herausforderung für uns alle. Und für mich kleinen Deppen ganz besonders!

Bibelstelle:

Gott, der Herr, spricht: „Ich bin der Anfang und ich bin das Ziel, das A und O." Ja, er ist immer da, von allem Anfang an, und er wird kommen: der Herr über alles! (Offenbarung 1,8)

Tipp des Tages:

Worauf willst du mal zurückblicken, wenn du am Ende deines Lebens auf dem Sterbebett liegst? Was für Entscheidungen willst du heute treffen, damit sich das erfüllt?

Unsere Buchtipps

Fossi Bäumer
Face God
Glaube gefällt mir
ISBN 978-3-86827-380-9
176 Seiten, gebunden

Gibt es eigentlich Gott? Was wäre, wenn es ihn geben würde? Und was wäre, wenn er dich ultra lieb hätte und was mit deinem Leben reißen wollte?
In diesem Buch erzählen viele verschiedene Jungs und Mädels, wie sie Gott erleben und was sie zu den wichtigen Themen des Glaubens denken:
Im ersten Teil machen sie sich z. B. Gedanken über Jesus, den Heiligen Geist, die Bibel, den Sinn des Lebens. Im zweiten Teil berichten die unterschiedlichsten Typen, wie sie zu Jesus gefunden haben. Und der dritte Teil ist voll mit praktischen Tipps für das Christsein im Alltag.
Das Buch ist ein Gedankenanreger, Ideenbringer, Gefühlsdurcheinanderwirbler, Infragesteller und Tippanbieter, vor allen Dingen für Teens. Fossi Bäumer hat aber schon klargestellt, dass er seiner Oma auch nicht verbieten wird, drin zu stöbern.
Bleibt nur noch zu sagen: Schnall dich an! Atme noch mal tief durch! Und los geht die wilde Fahrt durch das Abenteuerland Face God!

Matthias Clausen
Ich denke, also bin ich hier falsch?
Glauben für Auf- und Abgekläre
ISBN 978-3-86827-580-3
106 Seiten, gebunden

Glaube versteht sich nicht von selbst. Man kann jede Menge kritische Fragen stellen:

- Lässt sich Gott begründen? Oder ist er einfach Glaubenssache?
- Kann man gleichzeitig überzeugt und tolerant sein?
- Macht die Suche nach dem Sinn überhaupt Sinn?

Matthias Clausen zeigt, dass es auf skeptische Fragen auch gute Antworten gibt, dass sich Glaube zwar nicht beweisen, aber sehr gut begründen lässt. Und dass der Glaube uns hilft, das Leben und uns selbst besser zu verstehen.

Ein spiritueller Appetithappen für die Generation Facebook: unterhaltsam, kulturell aktuell, in unverbrauchter Sprache und zugleich theologisch durchdacht.

Danae Yankoski, Francis Chan
Eine vollkommen verrückte Liebe
Überwältigt von einem Gott,
der nie aufgibt
ISBN 978-3-86827-551-3
174 Seiten, Paperback

Hast du dich je gefragt, ob wir nicht an dem eigentlichen Leben vorbeileben?

Hast du je darüber nachgedacht, dass der Gott des Universums – der Schöpfer von Galaxien und kleinen Raupen, der Erfinder der Photosynthese, perfekter Schneeflocken und wunderschöner Musik – dich mit einer radikalen, bedingungslosen und aufopfernden Liebe liebt?

Wer dieser Liebe begegnet, wie sie Francis Chan in diesem Buch beschreibt, wird nie mehr derselbe sein.

Denn wenn man in jemanden richtig verliebt ist, verändert sich alles.

Max Lucado
Das besondere Geschenk für dich
ISBN 978-3-86827-003-7
48 Seiten, gebunden

Wenn du dein Leben lang im falschen Bus sitzt und in die falsche Richtung fährst, landest du unweigerlich am falschen Ort. Und das wird gewiss nicht der Himmel sein. Dein eigentliches Ziel ist die Gegenwart Gottes, und er hat seinen Teil dazu beigetragen, dass du dort ankommen kannst. Deinen Platz hat er bereits für dich reserviert. Lass dir diese Reise deines Lebens schenken!

Bearbeiteter Auszug aus "Das besondere Geschenk" von Max Lucado

Adrian Holloway
Der Schock deines Lebens
ISBN 978-3-86122-527-0
176 Seiten, kartoniert

„... Seltsam, was für ein normaler Tag es war. Ich kapiere bis jetzt nicht, wie alles so vorhersehbar sein konnte, so langweilig. Man würde doch erwarten, dass der Tag, an dem man stirbt, irgendwie gespenstisch ist und irgendwo unheimliche Musik läuft, aber ich schaute mir beim Anziehen das Frühstücksfernsehen an ..."

Doch dann wird's konkret.

Daniel, Anne und Judith haben eines gemeinsam: Ein verheerender Autounfall katapultiert sie in die Ewigkeit. Hier wartet der Schock ihres Lebens: Die Sache mit Gott und Jesus, Himmel und Hölle – alles wahr! Und plötzlich ist Schluss mit lustig, denn jetzt zählt nur noch eine Frage – wie standen sie zu alledem: Nie gehört, null Bock, lieber light oder voll dabei?

Krass?
Auch wenn's lästig ist: Das Hier und Jetzt ist gepfeffert mit Fragen. Lass dich provozieren – deine Zukunft sollte es dir wert sein!

Nicole Quigley
Hell wie der Mond und tief wie der Ozean
ISBN 978-3-86827-542-1
320 Seiten, Paperback

Drei Jahre Abwesenheit sind eine lange Zeit – das stellt Melissa fest, als sie mit ihrer chaotischen Familie zurück nach Anna Maria, Florida, zieht. Plötzlich wird sie nicht mehr wie früher gemobbt, sondern sie ist beliebt und Teil der angesagtesten Clique der Schule. Doch es gibt nicht nur den umschwärmten Sam, der Melissas Leben aufmischt. Da ist noch Robby, ihr verpeilter Außenseiter-Bruder; Josh, ihr geheimnisvoller Nachbar – und dieser Jesus, der im Leben von Josh offenbar eine nicht ganz unwichtige Rolle spielt ...

Auf wen kann Melissa sich verlassen, als es hart auf hart kommt?

Melissa C. Feurer
Der Soundtrack deines Lebens
ISBN 978-3-86827-419-6
320 Seiten, Paperback

Lily freut sich riesig auf die Sommerferien. Zusammen mit ihren besten Freunden Cab, Leonie und Alex will sie am See zelten, die Auftritte von „Suneclipse", Cabs und Alex' Band, genießen und einfach das Leben feiern. Doch es kommt anders als gedacht. Cab erkrankt an Leukämie. Sowohl die Band als auch ihre Freundschaft drohen daran zu zerbrechen. Doch Cab ist fest entschlossen zu kämpfen: um seine Freunde, um die Musik, um sein Leben. Für die anderen wird er zum Sinnbild der Hoffnung. Aber kann ihm das den Sieg über die tödliche Krankheit garantieren?

Melissa C. Feurer
überraschend anders
ISBN 978-3-86827-505-6
256 Seiten, Paperback

Meine Geschichte beginnt mit dem Happy End. Genau dann, wenn das Mädchen seinen Prinzen nach langer Zeit endlich bekommen hat und in einem traumhaften weißen Kleid mit ihm in den Sonnenuntergang reitet.
Dieses Mädchen bin ich.
Von einem Pferd war an diesem Sommerabend zwar keine Spur, der malerische Sonnenuntergang war am sturmzerzausten Wolkenhimmel auch nicht wirklich zu sehen und ein weißes Sommerkleid trug ich nur deshalb, weil meine ältere Schwester ihre Verlobung mit Mr Wandelndes Bibellexikon feierte. Aber Luca hatte den Arm um meine Schultern geschlungen und das kam an mein persönliches Happy End schon richtig nahe heran.

Sam ist überglücklich. Endlich ist sie mit Luca, dem großen Bruder ihrer besten Freundin zusammen, den sie schon seit Jahren anhimmelt. Blöd nur, dass ihre Familie davon nicht wirklich begeistert zu sein scheint. Und blöd nur, dass einem keiner verrät, wie es nach dem Happy End eigentlich weitergeht ...